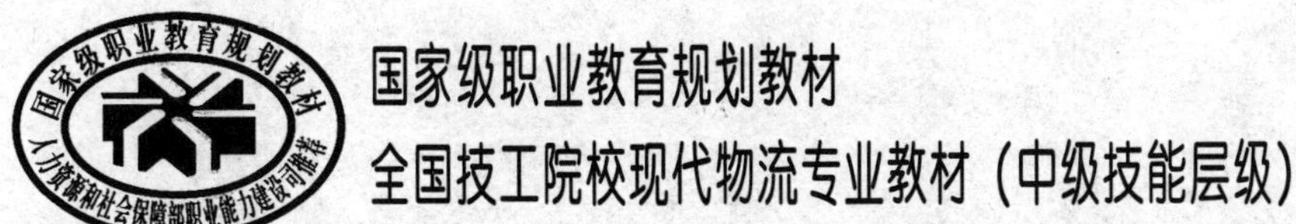

国家级职业教育规划教材
全国技工院校现代物流专业教材（中级技能层级）

商品检验与包装

（第三版）

人力资源社会保障部教材办公室组织编写
陆建军　主编

中国劳动社会保障出版社

简　介

本书根据技工院校现代物流专业的教学实际编写，介绍了商品基础知识、商品检验、商品包装基础、商品包装材料和商品包装技术。本书深入浅出，详略得当，既介绍了相关的技术原理，又介绍了各种应用技巧，能够满足对学生商品检验包装知识和技能的综合性培养要求。

本书由陆建军任主编，成怡任副主编，韩文霞、周楠、周杰、张石峰参加编写，周珠任主审。

图书在版编目(CIP)数据

商品检验与包装/陆建军主编. --3 版. --北京：中国劳动社会保障出版社，2019

全国技工院校现代物流专业教材. 中级技能层级

ISBN 978-7-5167-4081-1

Ⅰ.①商…　Ⅱ.①陆…　Ⅲ.①商品检验-中等专业学校-教材②商品包装-中等专业学校-教材　Ⅳ.①F760.6②F760.3

中国版本图书馆 CIP 数据核字（2019）第 163462 号

中国劳动社会保障出版社出版发行

（北京市惠新东街 1 号　邮政编码：100029）

*

北京市艺辉印刷有限公司印刷装订　新华书店经销

787 毫米×1092 毫米　16 开本　9.75 印张　179 千字

2019 年 8 月第 3 版　　2021 年 6 月第 2 次印刷

定价：19.00 元

读者服务部电话：（010）64929211/84209101/64921644

营销中心电话：（010）64962347

出版社网址：http://www.class.com.cn

http://jg.class.com.cn

前　言

全国中等职业技术学校物流专业教材出版于2006年，并于2013年进行了首次修订和补充。近年来，随着经济的发展和技术的更新，物流行业已经进入新的发展阶段，物流企业对从业人员的知识水平和职业能力提出了更高的要求。为了适应这些变化，培养更加符合物流企业需求的中级技能人才，我们组织了一批教学经验丰富、实践能力强的一线教师和行业、企业专家，在充分调研的基础上，对现有教材进行了新一轮修订和补充。

本次修订和补充的教材包括《现代物流基础（第二版）》《物流设施设备（第三版）》《物流成本管理基础（第三版）》《商品检验与包装（第三版）》《采购基础知识与技巧（第三版）》《物流运输基础与实务（第三版）》《仓储基础知识与技能（第三版）》《配送基础知识与实务（第二版）》《物流信息技术（第二版）》《物流客户服务》《货物养护作业实务》和《叉车作业实务》。

本次教材修订和补充工作的重点主要体现在以下几个方面：

第一，突出教材的实用性。本着"学以致用"的原则，新版教材的结构和内容根据物流企业的工作实际进行了调整和更新，对操作性较强的课程，教材在编写中采用任务驱动或理实一体化的模式，突出对学生实际操作能力的培养。

第二，突出教材的先进性。新版教材根据物流行业的现状和发展趋势，尽可能多地体现新知识、新技术、新方法、新设备，以期缩短学校教育与企业岗位需求的距离，同时，严格执行国家最新技术标准。

第三，突出教材的易用性。新版教材充分考虑学生的认知规律，注重利用图表、实物照片和案例辅助讲解知识点和技能点，部分教材还配有操作视频，学生扫描相应二维码即可观看，为学生营造生动、直观的学习环境，激发学生的学习兴趣。同时，新版教材还配有电子课件，便于教师开展教学工作，提高教学效率。

本套教材的编写得到了有关省市教育部门、人力资源社会保障部门和一批职业院校的大力支持，教材编审人员做了大量的工作，在此，我们表示诚挚的谢意！同时，恳切希望广大读者对教材提出宝贵的意见和建议。

人力资源社会保障部教材办公室

目　录

MULU

第一章　商品基础知识

商品在现代社会随处可见，它在人们的生产和生活中扮演着极为重要的角色。商品的种类极其丰富，特点也千差万别。了解商品的特点、分类和质量要求等，是理解、掌握商品检验和包装知识的重要基础。

第一节　商品和商品分类

一、商品概述

1. 商品的概念

商品是为了交换而生产的劳动产品，它是人类社会生产力发展到一定历史阶段的产物。

现代经济学家对商品的看法是广义的，认为商品不仅仅是指一种单纯的物品，同时还指一种服务，包括消费者购买商品之后所得到的直接或间接、有形或无形的裨益和心理满足。总体上说，商品是人类有目的的劳动产品，它包括实物、知识、提供的服务、获得的利益等。

2. 商品的价值和使用价值

商品的基本属性是价值和使用价值。

商品的价值是指凝结在商品中的无差别的人类劳动，它是商品特有的本质属性。

商品的使用价值是商品的自然属性。任何物品如果要成为商品，就必须具有可供人类使用的价值；相应地，对人类来说没有使用价值的物品，就不能成为商品。

3. 商品的构成

一个整体意义上的商品的内涵包括以下三个方面：

（1）核心商品

核心商品是商品被制造出来时本身具有的提供某种作用的功能。例如，人们购买计算机，不是要购买电源、主板、声卡、显卡等计算机组件，而是要购买计算机所具备的办公、娱乐等功能。核心商品是商品概念中最基本和最重要的部分。

（2）有形商品

有形商品是指实物商品的本身，即商品的组成成分、结构、外观等多种因素所构成的整体。

（3）无形商品

无形商品是指人们在购买商品时获得的附加利益和服务，如送货上门、免费安装、售后维修等。

二、商品分类

1. 商品分类的概念

商品的种类非常多，将商品划分为大类、中类、小类、细类，甚至品种、细目等的过程称为商品分类。

商品的类目及举例见表 1—1。

表 1—1　　商品的类目及举例

商品类目	举　例	
商品门类	工业品	消费品
商品大类	日用化工品	食品
商品中类	家用化学品	动物性食品
商品小类	洗涤用品	乳和乳制品
商品种类	香皂	牛奶
商品品种	玫瑰香型香皂	全脂牛奶

2. 商品分类的作用

科学的商品分类是合理组织商品流通，实行现代化管理的前提，有利于商品标准化的实施和商品质量标准的制定，能够为商品的包装、运输、保管、养护、检验和合理使用等提供科学依据，既便于生产者和科研人员提高商品质量，研究开发新商品，也便于消费者准确、高效地选购所需商品。

3. 商品分类的原则

（1）科学性

商品的分类要科学、统一、准确，以商品最稳定的属性作为分类基础，并且规定统一的归类原则。同时，分类层级的划分也要科学、合理。

（2）系统性

系统性是指以商品的特征为基础，将商品按照一定的顺序排列，每个商品都与别的商品相关联。通常用数字来表示它们之间的联系。

（3）适用性

商品分类体系应该具有一定的适用性，能够满足分类的目的。为了使商品管理简捷有序，要为每种商品赋予一个独特的标识，并且不能同时使用两个或两个以上的分类标识。

（4）可扩展性

商品分类要充分考虑未来科技不断进步以及新产品不断涌现的情况。在设计商品分类体系时，要注意空出足够的位置来安置新商品。

（5）兼容性

在进行商品分类时，要尽量与国内原有的商品分类体系保持一定的连续性，使相关商品分类体系之间相互衔接，同时还要考虑到与国际商品分类体系的对接，以便推广应用商品和查询、对比、交流商品信息。

（6）唯一性

商品分类体系和商品目录中每一个层级范围内只能采用一个分类标志，不能同时采用两个或两个以上的分类标志。

4. 商品分类的方法

商品分类有两种基本方法，一种是线分类法，一种是面分类法。

（1）线分类法

线分类法又称层级分类法。它是将商品集合按照选定的属性逐层分成多个层级类目，同时编制出一个有层级的分类体系。按照线分类法分类的商品表现为大类、中类、小类等级别不同的类目逐级展开，各层级的标志不同，各个类目之间构成并列或隶属关系。由一个类目引出的下级各类目之间为并列关系。

线分类法的主要优点是：信息容量大，层次性好，逻辑性强，符合传统的应用习惯，既便于人工处理，又便于计算机处理。线分类法的主要缺点是结构柔性差。所以，采用

线分类法编制商品分类目录时，必须预先留有足够的后备容量。线分类法实例见图 1—1。

（2）面分类法

面分类法又称平行分类法。它是将商品集合按照其本身的属性分成相互之间没有隶属关系的面，每个面都包含一组类目。每个面中的一种类目与另一个面中的一种类目组合在一起，组成一个复合类目。例如，将服装按照面分类法分类时，可以把服装的面料、款式、穿着用途分为三个互相之间没有隶属关系的分支，每个分支下设若干个类目，再将有关类目组配起来，形成纯毛男式西装、纯棉女式连衣裙等类目。

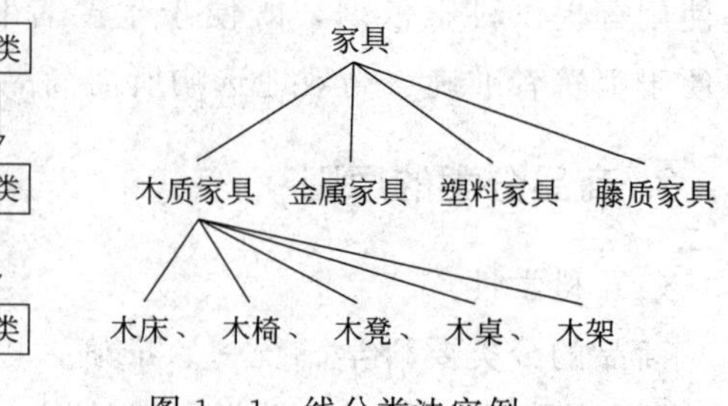

图 1—1　线分类法实例

面分类法的主要优点是：具有较大的弹性，一个面内的类目改变，不会影响其他的面；适应性强，可根据需要组成任何面；便于计算机处理，易于添加和修改类目。面分类法的主要缺点是组配结构复杂，不能充分利用容量，不便于人工处理。一般把面分类法作为线分类法的补充。面分类法实例见图 1—2。

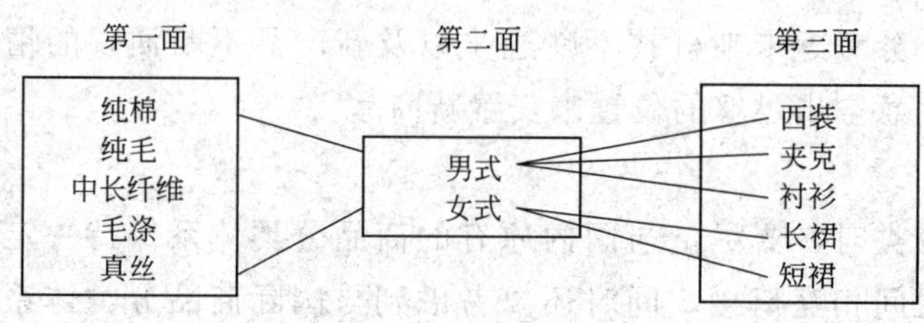

图 1—2　面分类法实例

5. 商品的类型

（1）按商品形成的领域分类

按形成的领域不同，商品可以分为生产性商品和经营性商品。生产性商品是指工业或农业部门提供给批发商的商品，经营性商品是指中间商（批发商和零售商）销售的商品。

（2）按商品品种的横向广度分类

按品种的横向广度不同，商品可以分为复杂商品和简单商品。商品品种的横向广度是指具体商品分类中的品种数目。例如：灯泡、肥皂、锤子等商品只有很少的品种，属于简单商品；服装、鞋、食品等商品有相当多的品种，属于复杂商品。

（3）按商品品种的纵向宽度分类

按品种的纵向宽度不同，商品可以分为粗的商品和细的商品。在制订商品计划或规划时，一般是指粗的商品；在订立供货合同时，要详细规定商品的所有特性值（参数），包括规格、颜色、式样、包装等，这时是指细的商品。

(4) 按商品的重要程度分类

按重要程度不同，商品可以分为日常商品和美化、丰富生活商品，或者是主要商品和次要商品。

(5) 按商品的行业特征分类

按行业特征不同，商品可以分为杂货、食品、药品、纺织品、皮革制品、五金制品、家具、家用电器、办公用品、首饰、钟表、乐器等。

(6) 按消费者经济差别分类

按消费者的经济差别，商品可以分为高档商品、中档商品和低档商品。

(7) 按消费者的需求分类

按消费者的需求不同，商品可以分为办公用品、文化用品、休闲用品等。这种商品分类打破了行业界限，有利于企业和消费者选购。

6. 商品分类标志

商品分类标志是用来识别商品类别的记号，主要包括以下几种：

(1) 商品的用途

商品的用途是体现商品使用价值的重要标志，以它作为分类标志，不仅适于对商品大类的划分，同时也适于对商品类别品种的进一步划分。但是，多用途的商品不宜采用此类分类标志。

(2) 商品的原材料

商品的原材料是决定商品质量的重要因素之一，以它作为分类标志，可以从本质上反映商品质量的特点。但是，由两种或两种以上原材料所构成的商品不宜采用此类分类标志。

(3) 商品的加工方法

商品的加工方法对商品质量特征影响非常大。很多不同的商品可能是用同一种原材料制造而成的，只是加工方法不同，导致最终形成的商品质量特征也不相同，如蒸馏酒和配制酒。以它作为分类标志，也可以反映部分商品的质量特征。

第二节　商品质量

一、商品质量概述

1. 商品质量的概念

商品质量是衡量商品使用价值的尺度，有广义和狭义之分。

狭义的商品质量是指商品与其规定标准技术条件的符合程度，它以国家或国际有关法规、商品标准或订购合同中的有关规定作为最低技术条件，是商品质量的最低要求，也是判定商品质量是否合格的依据。

广义的商品质量是指商品适合其用途所需的各种特性的总和，以及其满足消费者需求的程度。它不仅是指商品的各种特性能够满足需要，而且包括价格实惠、交货准时、服务周到等内容。

2. 商品质量的内涵

商品质量是一个综合性的概念，它受到商品本身以及商品在流通过程中各种因素的影响。商品质量是商品内在质量、外观质量、社会质量和经济质量等方面内容的综合体现。

（1）内在质量

商品的内在质量是指商品在生产过程中形成的商品本身固有的特性，包括商品的实用性、可靠性、寿命、安全性与卫生性等。它是商品最基本的质量要素。

（2）外观质量

商品的外观质量是指商品的外表形态，如商品的外形、结构、质地、颜色、气味等。

（3）社会质量

商品的社会质量是指商品满足社会公共利益的程度，例如，商品是否符合社会道德的要求，对环境是否造成污染，是否浪费资源等。

（4）经济质量

商品的经济质量是指人们按其真实的需要，希望以尽可能低的价格获得性能尽可能优良的商品，并且在消费或使用商品时付出尽可能低的使用和维护成本，即物美价廉的统一程度。

商品的内在质量是由商品本身的自然属性决定的；商品的外观质量、社会质量和经济质量则是由商品的社会效应来决定的，受诸多社会因素的影响。

二、衡量商品质量的一般标准

一般来说，可以从商品的适用性、寿命、可靠性、安全性、经济性、艺术性六个方面对商品质量进行衡量。

1. 适用性

商品的适用性是指满足商品主要用途所必须具备的性能，是商品为实现预定使用目的或规定用途所必须具备的各种性能或功能。它是构成商品使用价值的基础。

2. 寿命

商品的寿命通常指商品使用寿命，有时也包括储存寿命。商品使用寿命是指商品在规定的使用条件下，保持正常使用性能的工作总时间，一般是针对工业品而言。

3. 可靠性

商品的可靠性是指商品在规定条件下和规定时间内实现既定功能的性能，包括耐久性、易维修性和设计可靠性。它是与商品在使用过程中的稳定性和无故障性联系在一起的一种质量特性，是评价机电类商品质量的重要指标之一。

4. 安全性

商品的安全性是指商品在储存和使用过程中对环境无污染、对人体无损害的性能。它主要包括两个方面：一是要求商品在各种情况下都不会对社会环境造成危害；二是要求提供商品能够正常使用的环境条件，如设备正常工作所需的温度和电压等。

5. 经济性

商品的经济性是指商品的生产者、经营者、消费者都能用尽可能少的费用获得较高的商品质量，从而获得最大的经济效益。

6. 艺术性

商品的艺术性是指商品要符合审美的要求，具有一定的美感，它是消费者选购商品时考虑的重要内容。提高商品的艺术性是企业提高商品质量、增强市场竞争能力的重要手段之一。

以上几点并不是相互孤立的，在衡量某种商品的质量时，不仅要根据其用途进行具体分析，而且还必须与社会生产力的发展水平、国民经济水平以及人们的消费习惯相适应。

三、对常见商品质量的基本要求

对商品质量的基本要求是根据商品用途、商品使用方法、消费者的期望和社会需求来确定的。对相同大类商品的质量要求往往存在一定的共性。

1. 对食品类商品质量的基本要求

食品类商品应无毒、无害，符合食品卫生质量要求，有营养价值，有较好的色、香、味和外形。

2. 对纺织品类商品质量的基本要求

纺织品类商品应具有良好的服用性，如透气性好；有较好的机械性，如抗皱强度高；组织结构合理，如织物组织、织品的单位面积质量或厚度、紧度、密度、歪斜度、幅宽、匹长等合理；有一定的外观艺术性，如外形、花色丰富多彩等。

3. 对日用工业品类商品质量的基本要求

日用工业品类商品应具有良好的适用性，能够实现用途；持久耐用，如电灯泡能持续发光；卫生安全，如化妆品对人体皮肤无刺激性；结构合理，如订书机构造简单、容易使用；外表美观，如花瓶造型比较艺术。

四、影响商品质量的因素

影响商品质量的因素有很多，主要有原材料、生产工艺、生产设备、商品结构、商品包装、商品运输、商品储存、质量检验和销售服务等。

1. 原材料

原材料是指构成商品的原始物质，其成分、结构、性质对商品质量起着决定性的作用，原材料的质量直接影响着商品的质量。例如：用含硅量高的石英砂制成的玻璃制品，透明度和色泽均好；用含铁量高的石英砂制成的玻璃制品，透明度和色泽均较差。

2. 生产工艺和设备

对原材料进行加工后制成具有使用价值的商品的方法和技术称为生产工艺。同样的原材料在不同的生产工艺下可能会形成不同的商品质量。例如，在棉布生产工艺中增加精梳工序，可以使棉布的外观和内在质量明显改善。又如：啤酒生产过程中不进行灭菌处理的鲜啤酒，营养丰富，口味鲜美，但不耐储存，一般保质期为 3～7 天；而经过巴氏灭菌法处理的熟啤酒，色、味、营养稍差，但较耐储存，保质期可达 2～5 个月。

设备也是影响商品质量的一个重要因素。设备的故障往往是出现不合格品的重要原因之一。因此，加强设备管理与设备保养工作，防止设备发生故障，降低设备故障发生率，保持设备加工精度，是保证商品质量的必要条件。

3. 商品结构

商品结构主要指商品的式样、形状、尺寸、规格等。商品结构稳定、设计精巧、式样新颖，会提高商品质量。反之，如果商品结构不稳定，会影响商品的方便性、安全性，降低适用性，甚至使商品失去使用价值。例如，每只皮鞋里都有一根钢勾心，安装在脚心部位的内底与外底之间，起着保护鞋底弧度和稳定鞋跟的作用，但若钢勾心安装不到位，或是纵向抗弯刚度和硬度不够，就会在穿用中造成脚不舒适、皮鞋后跟歪斜、容易崴脚等不良后果。

4. 商品的包装、运输和储存

现代商品的包装已成为商品必不可少的部分，商品包装除了对商品起到保护的作用，还起到了美化的重要作用。商品在销售过程中会进行多次移动和存放，因此商品的储存和运输也会对商品质量产生重要影响。

5. 质量检验

质量检验是对既定成果而言的，因而它有事后把关的意义，但每个环节的质量检验对于下一个环节又是事前的控制，因此它又具有事前预防的意义。提供准确、真实、可靠的质量检验数据，对于人们掌握商品质量状况和变化规律，进而对商品改进设计、加强管理、提高质量具有重要作用。

6. 销售服务

销售服务包括提货搬运、短期存放、技术咨询、免费安装、退换货等内容。良好的售前、售中、售后服务是商品质量的重要组成部分。

第三节　商品代码、编码和目录

一、商品代码

1. 商品代码的概念和功能

商品代码是指为了便于人或计算机识别、输入、存储和处理，用来表示商品分类信息或商品标识信息的一组有规律排列的符号。

商品代码在规范商品管理、简化业务操作、方便统计分析等方面起着非常重要的作用，它广泛地应用于物流、贸易和财务核算等领域。

2. 商品代码的类型和特点

按照代码所表示的信息内容不同，商品代码可分为商品分类代码和商品标识代码。

商品分类代码用于确定某种商品在商品分类体系中的位置，商品标识代码用于唯一标识单一商品。

按照商品代码的符号类型不同，商品代码又可分为以下几种类型：

（1）数字型代码

数字型代码由若干个阿拉伯数字组成。其特点是结构简单，易用易懂，便于推广。

（2）字母型代码

字母型代码由若干个字母组成。其特点是便于记忆，信息容量较大。比起相同位数的数字型代码，字母型代码信息容量更大。但是，由于字母型代码较为复杂，不利于计算机识别，因此，字母型代码只适用于商品品种较少的情况。

（3）混合型代码

混合型代码是由若干数字和字母混合组成的代码。这种商品代码同时具备数字型代码和字母型代码的优点——结构严谨，同时符合人们的使用习惯。但是它的组成形式较为复杂，导致输入代码的效率不高，容易出错。

（4）条码

条码是由表示一定信息的字符代码转换而成的特殊图形符号，这些符号由一组粗细不同的黑白或彩色平行线条按一定规则排列组合而成。商品条码是用于表示商品代码的条码，包括零售商品、储运包装商品、物流单元、参与方位置等的条码标识。

在商品条码中，条、空组合部分称为条码符号，其对应的代码就是该条码符号所表示的商品标识代码。条码符号具有操作简单、信息采集速度快、信息采集量大、可靠性高、成本低廉等特点。

常用的商品条码有 7 种，分别是 EAN 条码、UPC 条码、二五条码、交叉二五条码、库德巴（Codebar）条码、三九条码、128 条码。其中，EAN 条码也称通用商品条码，由国际物品编码协会制定，通用于世界各地，是目前国际上使用最广泛的一种商品条码。我国推行使用的也是这种商品条码。EAN 条码分为 EAN-13（标准版）和 EAN-8（缩短版）两种。

二、商品编码

1. 商品编码的原则

商品编码即编制商品代码的过程，商品编码的原则主要包括以下几点：

（1）商品分类代码的编制原则

1）唯一性原则。在同一个商品编码集中，每一个（组）商品分类代码只能代表一种（类）商品。

2）稳定性原则。商品分类代码确定后要在一定时期内保持稳定，不能频繁变更，以保证分类编码系统的稳定性。

3）可扩充性原则。在编码时要在商品分类代码体系中留足备用代码，当需要增加新类目或删除旧类目时，无须破坏编码结构。

4）简明性原则。商品分类代码在留足后备容量的前提下应尽量简明、易记、易校验，不宜太长，这样既便于手工操作，又便于计算机处理。

5）层次性原则。商品分类代码要层次清楚，能清晰反映商品分类关系，反映商品分类体系和商品目录内部固有的逻辑关系。

6）统一性和协调性原则。商品分类代码要与国家商品分类编码标准相一致，与国际通用商品分类编码制度相协调，以利于实现信息交流与信息共享。

在编制商品分类体系和商品分类目录时，对上述编码原则应根据使用的要求综合考虑，力求达到最优的效果。

（2）商品标识代码的编制原则

1）唯一性原则。对同一项目的商品应分配相同的商品标识代码，不同项目的商品必须分配不同的商品标识代码。商品的基本特征通常包括商品名称、商标、种类、规格、数量、包装类型等。基本特征相同的商品应视为同一商品项目，基本特征不同的商品应视为不同的商品项目。只要商品的一项基本特征发生变化，就必须分配一个不同的商品标识代码。

2）无含义性原则。无含义性是指商品标识代码中的每一个字符不表示任何与商品有关的特定信息。有含义的代码通常会减少编码容量。在编制商品标识代码时，最好使用无含义的流水号，即连续号。这样能够最大限度地利用商品标识代码的编码容量。如果商品数量很少，也可以编制有含义的代码。

3）稳定性原则。商品标识代码一旦确定，若商品的基本特征没有发生变化，商品标识代码就应保持不变。原则上应尽可能地减少商品标识代码的变更，保持其稳定性，以避免重新打印并粘贴条码标签、修改系统记录等相关工作。

2. 商品编码的方法

（1）顺序编码法

顺序编码法是按商品类目在分类体系中出现的先后次序，依次编制顺序数字代码的一种编码方法。这种编码方法比较简单，常用于编码对象较少的情况。

（2）系列顺序编码法

系列顺序编码法是一种特殊的顺序编码方法，它是将顺序数字代码分为若干段（系列），使其与编码对象的分段一一对应，并以一定的顺序代码赋予每段编码对象的编码方法。

（3）层次编码法

层次编码法是以编码对象的从属、层次关系为排列顺序编制代码的一种方法。这种方法常用于线分类体系，编码时将代码分成若干层次，并与编码对象的层级相对应。代码从左至右表示层级由高至低。

（4）平行编码法

平行编码法是将编码对象按特征分成若干个面，每个面内的编码对象分别确定一定位数的数字代码，根据需要选用各个面中的代码，并按预先确定的面的排列顺序组成复合代码的编码方法。这种方法常用于面分类体系。

3. 特殊情况下的编码

（1）商品变体的编码

商品变体是指制造商在商品使用期内对商品进行变更。如果商品变体（如含不同有效成分的商品）与标准商品同时存在，则必须为商品变体另行分配一个单独且唯一的商品标识代码。

如果某种商品只做较小的改变，则不需要分配不同的商品标识代码，但当商品的变化影响到商品的重量、尺寸、包装类型、产品名称、商标或产品说明时，必须另行分配一个商品标识代码。

（2）组合包装的编码

如果商品是一个稳定的组合单元，其中每一部分都有其相应的商品标识代码，一旦任意一个组合单元的商品标识代码发生变化，或者单元组合有所变化，就必须分配一个新的商品标识代码。

如果组合单元变化微小，其商品标识代码一般不变，但如果需要对某些商品实施有效订货、营销或跟踪，就必须对其进行分类标识。

（3）促销品的编码

促销是企业为提高市场占有率和产品知名度所采取的一种营销手段，商品的促销变体（如加量不加价的商品或附赠品）如果在尺寸或重量上较标准商品有明显差别，或在包装上明显注明减价，或是针对特定时令的促销品（如春节才有的糖果包装），就必须另行分配一个不同的、唯一的商品标识代码。

三、商品目录

1. 商品目录的概念

商品目录是指在商品分类和编码的基础上，用表格、文字、数字、字母等全面记录和反映商品分类体系的文件形式。

商品目录又叫商品分类目录，一般包括商品名称及计量单位、商品代码（或编号）和商品分类体系三部分。

2. 商品目录常见类型

（1）国际商品目录

国际商品目录是指由国际组织或区域性组织通过商品分类所编制的商品目录，如联合国编制的《国际贸易标准分类目录》，海关合作理事会编制的《海关合作理事会商品分类目录》和《商品名称及编码协调制度》等。

（2）国家商品目录

国家商品目录是指由国家指定专门机构通过商品分类编制的商品目录。如我国国家标准《全国主要产品分类与代码》(GB/T 7635)。

（3）部门商品目录

部门商品目录是指由行业主管部门编制的商品目录，如我国商务部、海关总署于2014年公布的《加工贸易禁止类商品目录》，财政部、国家发展和改革委员会、海关总署、国家税务总局于2012年公布的《国内投资项目不予免税的进口商品目录（2012年调整）》，海关总署公布的《中华人民共和国海关统计商品目录》等。

（4）企业商品目录

企业商品目录是指企业在兼顾国家和部门商品目录分类原则的基础上，为充分满足本企业的工作需要，对本企业生产或经营的商品所编制的商品目录。编制企业商品目录，必须符合国家和部门商品目录的分类原则，并在此基础上结合本企业的业务需要，进行适当的归并、细分和补充，如商场营业柜组经营商品目录、仓库保管商品目录等。企业商品目录具有类别少、品种划分详细的特点。

思考练习题

1. 简述商品的概念。
2. 商品的类型有哪些？
3. 如何理解商品质量的内涵？
4. 简述商品代码的类型及其特点。
5. 简述商品目录的常见类型。

第二章　商品检验

商品检验包括对商品的质量、数量、重量、包装、安全、卫生进行检验，它是商品贸易能够顺利进行的重要环节。

第一节　商品检验基础知识

一、商品检验的概念

商品检验是指商品的生产方、销售方、购货方或者第三方在一定条件下，借助一定的仪器、器具、试剂或检验者的感觉器官等手段和工具，按照合同、标准或国际、国内有关法律、法规、惯例，对商品的质量、规格、重量、数量以及包装等方面进行检查，以判定商品是否合格、是否通过验收、等级如何；商品检验也指为维护买卖双方的合法权益，避免各种风险损失，解决责任划分的争议，便于商品交接结算而出具各种证书的业务活动。商品质量检验是商品检验的核心，因此，狭义的商品检验就是指商品质量检验。

二、商品检验的作用

1. 在生产环节中的作用

商品检验是保证商品质量，提高企业经营管理水平，促进企业持续发展的重要手段。商品质量是企业的生命，生产企业必须强化全面质量管理，从原材料到制成品，对整个生产过程的各个环节严格按照要求进行商品质量检验，确保商品质量合格。

2. 在流通环节中的作用

商品检验是商品流通环节质量监督的有力手段。流通企业在流通各个环节都必须进行商品检验。签订进货合同前，企业通过商品检验掌握商品的质量、性能、规格、特点等，从而保证合同的顺利执行。进货时的商品检验可以有效防止假冒伪劣商品进入流通领域。商品储存和销售期间的商品检验便于企业及时了解商品质量变化，有效保护企业和消费者的利益。

3. 在裁决纠纷中的作用

商品检验为裁决纠纷提供重要依据。由于对商品质量的认识不同，现实中经常会出现消费者与经营者或生产厂商之间、贸易双方或多方之间关于商品质量的争议，而商品检验或商品质量鉴定的结果可以成为裁决这些争端的重要依据。争议方可以将问题商品提请检验机构检验，国家认可的检验机构经过检验后出具的检验证书具有法律效力。

4. 在对外贸易中的作用

商品检验是保证进出口商品质量，促进外贸发展的重要手段。在出口贸易中，商品检验可以保证出口商品质量，树立出口企业品牌，维护国家信誉。在进口贸易中，商品检验可以保证进口商品符合要求，对于质量不符合合同规定或国家相关规定的商品，企业可以向对方提出索赔或退货。

三、商品检验的内容

商品检验包括宏观检验和微观检验两大部分。宏观检验多指商品外观质量（包括商品的样式、包装等）的检验，微观检验多指商品内在质量（包括商品的成分、结构、性能、安全性等）的检验。商品检验的项目根据具体商品标准而定，采用感官检验、化学分析检验、物理检验、生物学检验等方法进行。

1. 质量检验

质量检验又称品质检验，是商品检验工作的主要项目。质量检验的内容主要包括：

（1）外观质量检验

外观质量检验包括商品的外观形态、尺寸、规格、样式、花色、造型、表面缺陷、表面加工装饰水平、气味和滋味等的检验。

（2）内在质量检验

1）成分检验。内在质量检验包括有效成分的种类及含量、杂质及有害成分的限量等的检验。

2）性能检验。性能检验包括商品应具备的强度、硬度、弹性、伸长率、耐热性等物理性能，以及耐酸（碱）性、耐腐蚀性、溶解性、化学相容性等化学性能的检验。

3）力学性能检验。力学性能检验包括抗压性、抗拉性、耐冲击性、抗振动性、抗跌落性等的检验。

4）使用性能检验。使用性能检验包括完成规定动作、达到特定使用效果的检验。如汽车的车速、制动要求，电视机的声响、图像效果等的检验。

（3）特定质量检验

特定质量检验是为了安全、卫生、环境保护等，针对不同商品而特别要求的质量检验。例如，对食品中有害微生物、食品添加剂、农药残留、重金属含量等的检验，对危险货物的安全性能检验，对飞机、车辆、船舶的安全防护质量检验，对废气、噪声、废水的限量检验等。

2. 数量检验

商品的数量一般在合同或信用证上有规定。数量检验是按照合同或信用证的要求，根据商品的计价单位，确定商品的数量。由于商品的计价单位不同，数量检验包括下列几种情况：

件数检验，主要检验箱内或包件内所装商品的件数或者个数；长度检验，主要检验商品长度，商品计价单位为米、厘米等；面积检验，主要检验商品的面积，商品计价单位为平方米等；容积检验，主要检验液体商品的体积，商品计价单位为升、毫升等；体积检验，主要检验商品的体积，商品计价单位为立方米等。

3. 重量检验

重量检验是根据合同规定和商品的特征，结合惯例，采取不同的鉴定方式，对商品进行计量，得出商品的重量。商品重量一般分为毛重、净重和以毛作净三种。商品重量检验的方式主要有水尺计重、衡器计重、容器计重和流量计重四种。

有时在进行数量检验时也要进行重量检验，应加以注意。

4. 包装检验

为了确保危险货物运输的安全性，对装运危险货物的包装容器必须进行性能检验，检验合格者才准予装运危险货物。在出口危险货物包装时，还必须向商检部门提出申请，进行使用鉴定，确认正确、合理地使用包装容器，并取得使用鉴定证明后才可装运出口。

根据我国国家标准《危险货物分类和品名编号》(GB 6944—2012)，危险货物共分为九类，包括爆炸品，气体，易燃液体，易燃固体、易于自燃的物质、遇水放出易燃气体的物质，氧化性物质和有机过氧化物，毒性物质和感染性物质，放射性物质，腐蚀性物质，杂类危险物质和物品（包括危害环境物质）。

5. 安全、卫生检验

商品安全检验是指电子电器类商品的漏电检验、绝缘性能检验和X光辐射检验等。商品卫生检验是指对商品中有毒有害物质及微生物的检验，如食品添加剂中砷、铅、镉的检验，茶叶中农药残留的检验等。

此外，还有一些针对进出口商品的特定检验，如集装箱检验、进出口商品残损检验、进出口商品装运技术条件检验、货载衡量检验等。

四、商品检验的类别和方式

1. 商品检验的类别

生产检验（又称第一方检验、卖方检验）是由生产企业或其主管部门自行设立的检验机构对企业的原材料、半成品和成品进行的自检活动。经检验合格的商品应有“检验合格证”标志。

验收检验（又称第二方检验、买方检验）是由商品的买方为了维护自身及其顾客利益，保证所购商品符合标准或合同要求所进行的检验活动。

第三方检验（又称公正检验、法定检验）是由处于买卖利益之外的第三方（如专职监督检验机构），以公正、权威的非当事人身份，根据有关法律、标准或合同所进行的检验活动。

2. 商品检验的方式

商品检验的方式有很多，主要有全数检验、抽样检验、免于检验三种。

全数检验是为了对商品各项技术指标进行测定、试验，对全部被检验商品逐一进行检验的方式，它适合于检验批量小、质量特征少且质量不稳定、较贵重的商品。全数检验的特点是：可以提供完全的质量信息，检验费用昂贵，检验工作量大。

抽样检验是按合同或标准中规定的抽样方案，从被检验商品中随机抽取样品，然后对样品逐一进行测试的检验方式。它适合于检验批量较大的商品，不适合于质量差异程度大的商品。抽样检验的特点是：可以节省检验时间和费用，提供的商品信息量

较少，可能导致检验结果和实际商品质量存在偏差。

免于检验是对质量保证体系良好、质量控制完备、成品质量长期稳定的生产企业所生产的产品，在企业自检合格后，商业企业或进出口企业可以直接收货，免于检验。

第二节　商品检验操作

一、商品检验的主要依据

1. 法律、法规

国家的有关法律、法规、条例、规定、制度等具有权威性、科学性和强制性，既规定了对商品质量的要求，又为商品检验提供了法律依据。这些法律、法规主要包括《中华人民共和国标准化法》《中华人民共和国进出口商品检验法》《中华人民共和国产品质量法》和《中华人民共和国食品安全法》（以下简称《食品安全法》）等。

2. 质量标准

质量标准是检验商品质量的主要依据，是生产、经营企业必须执行的技术标准，它对商品的结构、规格、质量、试验和检验方法、验收规则和计算方法等都做了统一规定。在实际运用中，国家、行业或地方强制性标准是必须执行的标准，各级推荐性标准是可选性标准，企业也可以自行制定标准。我国对企业自定标准实行备案制管理，企业确定执行标准并通过国家有关部门备案后，该标准就是企业必须执行的标准。

3. 购销合同

贸易双方必须共同遵守约定的质量要求。一旦发生质量纠纷，遵从现行法律、法规的购销合同中的质量要求就是检验、仲裁的依据。

二、商品检验方法

商品种类繁多，商品检验的项目因商品品种不同而各异，商品检验的方法也有所区别。商品检验方法是否恰当，对检验结果和商品质量评价的正确性具有很大影响。商品检验的方法通常分为感官检验法、化学分析检验法、仪器分析检验法、物理检验法和生物学检验法等。

1. 感官检验法

感官检验法是利用人体的各种感觉器官，如视觉、嗅觉、味觉、听觉、触觉器官以及积累的实践经验进行商品质量检验的方法。这种方法主要检验商品的外观、硬度、弹性、气味、滋味、声音等方面的状况。

感官检验法可以用于商品一般性能的检验，例如，对纺织品外观疵点和花色图案的检验，对棉花品级的检验等；也可以用于商品特殊性能和高档、精密商品的检验，如对食品风味的检验，对烟、酒、茶气味的检验，对收音机音质的检验，对呢绒、皮革等商品的柔软度、平滑度的检验，对机械产品外观的检验等。感官检验法不仅用于评定许多商品的质量优劣，而且是识别某些商品（如药用的麝香、蟾蜍、冬虫夏草、羚羊角、牛黄等）真伪的重要手段。该方法操作简便，灵活易行，费用低廉，特别适用于目前还不能用仪器定量评价的商品，以及缺乏昂贵、复杂仪器的企业和团体。但是，感官检验法也有一定的局限性：检验结果易受检验者感觉器官的敏锐程度和鉴定经验的影响，以及检验的时间、空间、环境等因素的影响，因而其客观性和准确性较差；检验结果在大多数情况下只能用概略性的用词（优、良、中、劣等）表示或用文字表述，而不能用确切的数字表示商品质量优劣程度。

（1）感官检验法的分类

1）视觉检验。视觉检验是通过视觉器官（眼）来观察商品的外形、结构、色泽、瑕疵、包装、装潢等外在特征，并据此评定商品质量特性的检验方法。视觉检验是一种应用极为广泛的检验方法，在用于检验日用工业品、纺织品时主要检验其美观性和表面缺陷，在用于检验食品时则主要检验其新鲜度、成熟度和加工程度。

进行视觉检验时应注意：应就商品外观制定相应的样品标准，作为检验评定的依据；检验者应具备丰富的感官检验知识和经验，并熟悉标准样品各等级的条件、特征和界限；视觉检验必须在标准照明条件下和适宜的环境中进行；应对检验人员进行必要的挑选和专门的训练。

视觉检验还可以用于以下商品特性的鉴定：烟叶的色泽和组织结构；水果的果色和果形；罐器的外观情况（商标纸及罐盖硬印是否符合规定，罐盖有无膨胀现象，接缝及卷边是否正常，焊锡是否完整、均匀，罐器有无锈斑、凸瘪变形等）和内容物的组织形态；玻璃罐的外观缺陷（如波筋、疙瘩、裂口、压口、气泡和弯曲等）；粮食的色泽和异种粮粒；棉花的色泽和疵点粒数；冷拉钢材的外观情况（表面应洁净、光滑，不应有肉眼可见的裂缝、折叠、结疤、夹杂物和氧化铁皮等）。

2）嗅觉检验。嗅觉检验是检验者利用嗅觉器官（鼻），通过鉴定商品的气味评定商品质量优劣的检验方法。气味的优劣和正常与否是评定许多食品、家用化工用品和香精、香料等商品（如化妆品、牙膏、肥皂等）质量优劣的重要指标。凡质量优良的

商品均具有其特有的正常气味或浓郁的香气。如果其品质发生变化，气味也会发生相应的劣变，严重者会产生霉、酸、馊、臭等怪味。某些易于吸收异味的商品，如果受到异味的污染，会因此而影响质量，严重者可失去使用价值。

正常无异味是对商品气味的基本要求，对不同的商品，嗅觉检验的内容和要求也会相应不同。例如，新鲜的猪、牛、羊、兔、鸡肉等肉类食品在进行气味检验时，除检验鲜肉气味外，还需检验煮沸后肉汤的气味。鲜肉和肉汤的气味是肉类鲜度的重要指标，以具有该肉类正常的气味和特有的香味为佳。

嗅觉检验的结果能否正确反映商品的质量，除受检验者的生理条件和检验经验影响外，检验场所是否清洁，有无异味，对检验结果的准确性也有很大影响。进行嗅觉检验时，检验场所、盛样器皿、检验者的手和衣着等物均不应有不利于嗅觉检验的异物或异味。

3）味觉检验。味觉检验是指检验者利用味觉器官（舌），通过品尝食品的滋味和风味，检验有一定滋味要求的商品质量的方法。例如，苹果滋味的香甜、绵、脆、风味优美与否；烟叶气味好坏，劲头大小，刺激性强弱等，只有通过味觉检验才能评定。

食品的滋味和风味是决定食品质量的重要因素。凡质量正常的食品均具有特有的滋味和风味。同一类别的天然食品因品种不同，滋味和风味也常有明显的差别；经过加工调制的食品由于调制方法和使用的调料不同，滋味和风味也各异。质量变劣的食品，其滋味也将随之变劣，如发霉、酸败或腐烂的食品必然产生令人厌恶的怪味。

检验者在所检验食品滋味方面的知识和经验的丰富程度对检验结果的准确程度有重要影响。食品温度过高或过低均能影响味觉检验的准确性，为保证味觉检验的准确性，检验用的食品样品应保持适宜的温度，且应注意被检样品的温度要与对照样品温度一致。例如，检验茶叶和植物油脂滋味时，茶汤和植物油脂的温度应保持在 50℃左右。白酒需加热至 35℃时检验滋味。在一些检验细节上必须严格遵守检验规程，如检验前后必须漱口等。

4）听觉检验。听觉检验是检验者利用听觉器官（耳），通过对商品发出的声音是否优美或正常，判断商品质量优劣或是否正常的检验方法。听觉检验一般用来检验玻璃制品、瓷器、金属制品有无裂痕或其他内在缺陷，评价以声音作为重要指标的乐器、音响装置、家用电器，评定食品的成熟度、新鲜度和冷冻程度等。例如，消费者购买鸡蛋时，常摇动鸡蛋，根据鸡蛋是否有水声判断鸡蛋的新陈，发出水声的鸡蛋是陈蛋或已经腐败变质的次劣蛋；鉴定瓷器、陶器时，常敲击瓷器或陶器，声音清脆悦耳，表明质量正常，如果声音嘶哑，说明有裂璺。又如罐头“打检”是判断罐头真空度和内容物质量是否正常的行之有效的简易方法。用拇指和食指夹持打检棒，轻敲罐盖，一般情况下发出清脆的“叮叮”声音表明质量正常，发出混浊的“噗噗”声，表明是次品。听觉检验需要适宜的环境条件，力求安静，尽量避免外界因素对听觉灵敏度的影响。

5）触觉检验。触觉检验是检验者用触觉器官（手）触摸、按压或拉伸商品，根据商品的光滑细致程度、干湿、软硬、有无弹性、拉力大小、凉热等情况，判断商品质量优劣和是否正常。触觉检验主要用于检验纸张、塑料、纺织品、食品和一些日用工业品的表面光滑细致程度、强度、厚度、弹性、紧密程度、硬度等质量特性。纺织品的手感，茶叶的“重实”和“轻飘”等均需由触觉检验评定。进行触觉检验时，应注意环境条件的稳定以及手指皮肤保持正常状态。

例如，麻纤维手试强力检验法是以手拉 2～3 mm 粗细纤维束，根据用力大小、纤维断裂时发出的声音以及断裂的形状和位置判断麻纤维强力的大小。如果拉断纤维时，感觉用力大，时间长，拉后手指稍有勒痛感，纤维断裂时渐次发出清脆声，在纤维束中部断裂，且断裂处纤维参差不齐，则其强力较大。以触觉鉴定籽棉时，手摸籽棉。富有弹性者含水少，缺乏弹性者含水多；手扯籽棉纤维一扯就直或回曲慢者含水多，籽棉纤维拉伸后不易伸直者含水少。

（2）感官检验评价分析方法

1）差别检验。差别检验用于判定两种样品之间是否存在感官差别。例如，检验某种商品样品与标准样品在感官特性上是否存在差别。

2）标度和类别检验。对于两种以上的商品，在采用差别检验确定其具有明显差别的基础上，为进一步明确差别的大小或估计样品归属的类别，可采用标度和类别检验。具体方法是排序、量值估计、评分、评估、分类等。

3）分析或描述性检验。这种方法要求评价人员对商品的各个特性指标进行定性、定量描述，以尽可能完整地描述商品质量。

（3）提高检验准确度的方法

为了减少主观因素对感官检验结果的影响，可适当采取下列办法：

1）制定实物标准作为感官检验的依据。这种方法即根据商品质量优劣制成不同等级的成套样品作为评定商品质量、确定等级的依据。检验时，将被检验的商品与实物标准进行对照和比较，评定质量等级。在国际贸易中，“凭样品买卖”中的样品即为买卖双方交接验收商品的依据。

2）集体审评。集体审评是由两位以上具有丰富实际经验的检验者同时对同一商品进行检验，然后综合各检验者的检验结论作为对该商品质量的评价。

3）记分法。记分法是以感官检验为基础，用分数表示商品质量或某项质量指标的评价方法。

2. 化学分析检验法

对商品进行化学分析检验的方法多用于确定商品的纯度、成分、杂质含量等。化学分析检验分为定性分析和定量分析。

（1）定性分析

定性分析是根据化学反应结果所呈现的特殊颜色或组合，以及在化学反应中生成的沉淀物、气体等来判定样品中组分的种类及性质的一种方法。在定性分析中，多使用灵敏度高的鉴定反应。当被检物不含某一离子，而试剂或蒸馏水中有些杂质离子，或是被检物有某离子，而试剂变质失效，反应条件控制不当时，分析结果均会存在误差。为了能正确地判断结果，往往要做空白试验和对照试验。在做定性分析时，还应注意反应溶液的温度、浓度、酸碱度和干扰物质等的影响。

（2）定量分析

定量分析的主要任务是准确测定试样中组分的含量，具体有以下几种类型：

按试样性质不同分为无机分析（分析测定无机物各种离子的含量）和有机分析（分析有机物元素或官能团，或测定某些物理常数）。

按试样质量不同分为常量分析（试样质量为 100 mg 以上）、半微量分析（试样质量为 10～100 mg）、微量分析（试样质量为 0.1～10 mg）和超微量分析（试样质量少于 0.1 mg）。

按测定方法不同分为容量分析（如氧化还原滴定法、络合滴定法、沉淀滴定法、酸碱滴定法等）和重量分析。

3. 仪器分析检验法

仪器分析检验法用于分析试样组分（或成分），它包括红外吸收光谱法、核磁共振波谱法、质谱法、X 射线衍射法、电子能谱法等，其优点是操作简便、快速，对于分析含量很低的组分更有独特作用。另外，大多数仪器是将被测组分的浓度变化或物理性质变化转变成某种电性能（如电阻、电导、电位、电容、电流等），这样就易于实现自动化和连接计算机。因此，仪器分析具有简便、快速、灵敏、易于实行自动操作等特点。对于结构分析（如研究物质的分子结构或晶体结构），仪器分析也是极为重要和必不可少的工具。仪器分析的缺点是准确度不够高。因此，在进行仪器分析之前，常用化学方法对试样进行预处理（如富集、除去干扰杂质等）。同时，仪器分析一般都需要借助标准物进行校准，而很多标准物需要用化学分析检验法来标定。因此，最好是将化学分析检验法与仪器分析检验法配合使用。

4. 物理检验法

物理检验法是运用各种物理仪器或器械对商品物理性质（如力学性能）进行鉴定检验，以确定商品质量或性能的检验方法。

5. 生物学检验法

生物学检验法一般用来测定细胞的结构和形状、细胞膜的特性、有毒物品的毒性大小等，还广泛用于测定食品的可消化率、发热量和维生素的含量等。常用的生物学检验法有解剖法和试验法两种。

（1）解剖法

解剖法主要是用于了解细胞组织情况，常结合采用显微镜分析，了解产品内有无寄生虫或微生物。

（2）试验法

试验法主要用于测试毒害品的毒性程度，常用“致死中量”表示毒害品急性毒性大小。由于毒物的“致死中量”是用生物试验和数理统计方法求得，故这一指标比较有代表性，也是衡量毒害品急性毒性比较理想的指标。但在实际工作中，需注意毒害品的慢性毒性，即长期少量摄入，因积蓄作用而产生的毒性。因此，测试毒害品的毒性大小时，既要测试其急性毒性，也要测试其慢性毒性。

三、商品检验程序

商品检验程序一般包括定标、抽样、检验、判定、处理五个步骤，如图 2—1 所示。首先，检验前根据合同或标准规定，明确技术要求，按合同或标准规定的抽样方案抽取样品。其次，使用一定的检验设备和条件，采用测量、测试、试验等检验方法，检验样品的质量特性。然后，将检测的结果与合同及标准要求的指标进行对照，根据合格判定原则，对被检商品合格与否做出判定。最后，出具检验报告，反馈质量信息，对不合格商品做出处理。

图 2—1　商品检验程序

四、商品抽样

商品抽样是商品检验工作的重要环节，关系到检验结果的准确性，是出具质量证书的关键因素。

1. 商品抽样的有关概念

（1）抽样

抽样又称取样或拣样，是根据合同或标准所规定的抽样方案，从整批商品中抽出一定数量具有代表性的单位商品的活动。

（2）抽样检验

抽样检验是对抽取的样本进行检验，把检验所得到的结果与商品标准（或合同、信用证）规定做比较，得出整批商品合格与否的结论的活动。抽样检验是一种经济、实用的检验方法，适用于大批量、检验项目多，或需进行破坏性检验的商品。

（3）总体、单位产品、样本单位

进行抽样检验时，商品的提交是按批进行的，一批商品的全体称为“总体”，构成总体的基本单位称为“单位产品”，样本中的每个单位产品叫作“样本单位”。单位产品是为了实施抽样检验的需要而划分的基本单位，可以根据具体情况来划分，它与采购、销售、生产和运输规定的单位产品可以一致，也可以不一致。有些产品可以自然划分为单位产品，如一支钢笔、一套服装、一架钢琴等，有些则不能自然划分，需要根据人们的习惯，用一定的长度、重量和容器作为单位来划分，如每百米电线、每袋大米、每瓶墨水等。

（4）检验批

进行抽样检验时，作为检验对象而汇总起来的所有单位产品统称检验批。检验批组成要尽可能合理，即尽可能使检验批的质量均匀一致，以便抽取的样本单位具有代表性。在正常的进出口检验中，一般是以一个进出口合同或一票货为一个检验批，有时对一个进出口合同还要按商品中的代号、批号等分成几个小批分别进行抽样检验。很多商品是从若干个生产加工点集中起来装运进出口，其中不少经过了多次转手，检验时即使是对同一种商品，也不容易利用以往各检验批的检验结果。因此，一般将这些检验批当作孤立批处理。

2. 抽样的方法

抽样检验的目的在于通过对样品的检验来分析和判定整批商品的质量状况，而抽样方法对于准确判定整批商品的质量状况有重要影响。为此，在不同的情况下应选择不同的抽样方法。目前常用的抽样方法有随机抽样法和典型抽样法两大类。

（1）随机抽样法

随机抽样法是指抽样时不随抽样人员主观意愿进行抽样，而是随机地抽取样品，使每单位商品均有可能成为样品的抽样方法。随机抽样又可分为下列几种：

1）单纯随机抽样。在批量为 N 的商品批中抽取几个商品作为样品，每个商品被抽取的概率都相同。抽样人员在抽样时随意抽取样品，不对试样进行比较，抽样后也不调换，这种抽样方法称为单纯随机抽样法。例如，一批产品共 5 件，随意给这 5 件产品编上 1～5 的号码。从中抽取两件，这两件产品号码可能的搭配为（1，2）（1，3）（1，4）（1，5）（2，3）（2，4）（2，5）（3，4）（3，5）（4，5）。单纯随机抽样要求这 10 种可能性都相同，即都有 1/10 的概率被抽到。

2）系统抽样。系统抽样是指把检验批各单位商品编号，然后按一定的程序抽样，如每隔一定时间或空间间隔进行抽样。例如，按尾号为“3”进行抽样，那么编号为3、13、23、33等的商品就成为试样。又如：煤、矾土等大宗矿产品，可在装卸、加工或称量的过程中，按一定的数量或间隔抽样；用管道装卸原油时，可定时从管道中抽取原油样品。这种抽样可以避免抽样人员的主观影响，但因有一定的规律，客观上降低了样本的代表性。

3）分层、分段随机抽样。商品批量巨大、到货期不集中、堆放场所较多的商品不宜采取单纯随机抽样。这时可以将商品均匀、整齐地堆码，采用分层抽样法进行抽样，即在每层分别按单纯随机抽样法抽取样品，然后集中试样进行检验。例如，出口散装矿产品时可在装卸、加工、堆垛过程中分数层抽样，一般不得少于三层，根据每层的质量按比例在新露出的面上均匀布点取份样，再将不同层的份样组合成检验批样本。又如，船舱散料抽样时，应视每一舱位散料为一批，将每一批分为上、中、下三层，分别均匀布点抽取样品，合成检验批样本。批量大、到货期不同且堆放地点较多的商品宜采用分段抽样，即分不同的时间段和地点随机抽取样品，先期抽取的样品先检验，后期到货抽取的样品后检验，分别做出检验判定后再进行综合判定。

（2）典型抽样法

典型抽样法是按照商品的质量状况典型地抽取样品，对较少的试样进行分析，然后估计整批商品质量状况的抽样方法。例如，在花生检验中，由于黄曲霉毒素易于产生在霉变严重的花生粒上，这时可以典型地抽取霉变严重的样品，检验其黄曲霉毒素是否存在或超标，以此为依据对整批商品的质量状况做出判定。典型抽样法看似简便，但需要抽样检验人员具有相当丰富的实践经验和技巧。为了使抽取的样品能准确反映检验批的总体质量，宜采用符合概率论与数理统计理论的随机抽样方法。

第三节　常见商品的检验

一、食品的检验

根据《食品安全法》，食品是指各种供人食用或者饮用的成品和原料以及按照传统既是食品又是中药材的物品，但是不包括以治疗为目的的物品。食品添加剂是指为改善食品品质和色、香、味以及为防腐、保鲜和加工工艺的需要而加入食品中的人工合成或者天然物质，包括营养强化剂。

1. 食品安全检验

食品安全指食品无毒、无害，符合应当有的营养要求，对人体健康不造成任何急性、亚急性或者慢性危害。我国《食品安全法》第三十四条规定：

禁止生产经营下列食品、食品添加剂、食品相关产品：

（一）用非食品原料生产的食品或者添加食品添加剂以外的化学物质和其他可能危害人体健康物质的食品，或者用回收食品作为原料生产的食品；

（二）致病性微生物，农药残留、兽药残留、生物毒素、重金属等污染物质以及其他危害人体健康的物质含量超过食品安全标准限量的食品、食品添加剂、食品相关产品；

（三）用超过保质期的食品原料、食品添加剂生产的食品、食品添加剂；

（四）超范围、超限量使用食品添加剂的食品；

（五）营养成分不符合食品安全标准的专供婴幼儿和其他特定人群的主辅食品；

（六）腐败变质、油脂酸败、霉变生虫、污秽不洁、混有异物、掺假掺杂或者感官性状异常的食品、食品添加剂；

（七）病死、毒死或者死因不明的禽、畜、兽、水产动物肉类及其制品；

（八）未按规定进行检疫或者检疫不合格的肉类，或者未经检验或者检验不合格的肉类制品；

（九）被包装材料、容器、运输工具等污染的食品、食品添加剂；

（十）标注虚假生产日期、保质期或者超过保质期的食品、食品添加剂；

（十一）无标签的预包装食品、食品添加剂；

（十二）国家为防病等特殊需要明令禁止生产经营的食品；

（十三）其他不符合法律、法规或者食品安全标准的食品、食品添加剂、食品相关产品。

2. 食品标签检验

食品标签是指食品包装上的文字、图形、符号及其他一切说明物，是企业向消费者传递产品信息的基本载体，也是我国食品安全标准的要求之一。我国关于食品标签的法律法规主要是《食品安全法》，以及《预包装食品标签通则》（GB 7718—2011）、《预包装食品营养标签通则》（GB 28050—2011）和《预包装特殊膳食食用食品标签》（GB 13432—2013）等国家标准。在检验食品时，应当按照这些法律法规和国家标准对食品标签进行检验。

（1）食品标签的内容

食品标签应当标明的事项主要有：名称、规格、净含量、生产日期；成分或者配料表；生产者的名称、地址、联系方式；保质期；产品标准代号；贮存条件；所使用的食品添加剂在国家标准中的通用名称；生产许可证编号；法律、法规或者食品安全标准规定应当标明的其他事项等。专供婴幼儿和其他特定人群的主辅食品，其标签还应当标明主要营养成分及其含量。酒精度大于或等于10%的饮料酒、食醋、食用盐、固态食糖类和味精可以免除标示保质期。当预包装食品包装物或包装容器的最大表面面积小于10 cm^2时，可以只标示产品名称、净含量、生产者（或经销商）的名称和地址。

（2）食品标签检验的注意事项

食品经营者销售散装食品时，应当在散装食品的容器、外包装上标明食品的名称、生产日期或者生产批号、保质期，以及生产经营者名称、地址、联系方式等内容。

转基因食品应当按照规定显著标示。经电离辐射线或电离能量处理过的食品，应在食品名称附近标示“辐照食品”。

食品添加剂应当有标签、说明书和包装。标签、说明书应当载明《食品安全法》规定的事项，以及食品添加剂的使用范围、用量、使用方法，并在标签上载明“食品添加剂”字样。食品和食品添加剂的标签、说明书应当清楚、明显，生产日期、保质期等事项应当显著标注，容易辨识，不得含有虚假内容，不得涉及疾病预防、治疗功能。食品和食品添加剂与其标签、说明书的内容不符的，不得上市销售。

保健食品的标签、说明书不得涉及疾病预防、治疗功能，内容应当真实，与注册或者备案的内容相一致，载明适宜人群、不适宜人群、功效成分或者标志性成分及其含量等，并声明“本品不能代替药物”。保健食品的功能和成分应当与标签、说明书相一致。

进口的预包装食品、食品添加剂应当有中文标签。依法应当有说明书的，还应当有中文说明书。标签、说明书应当符合《食品安全法》以及我国其他有关法律、行政法规的规定和食品安全国家标准的要求，并载明食品的原产地和境内代理商的名称、地址及联系方式。预包装品没有中文标签、中文说明书或者标签、说明书不符合有关规定的，不得进口。国家标准《预包装食品标签通则》（GB 7718—2011）中强制要求标示的内容应全部标示，推荐标示的内容可以选择标示。

食品所执行的相应产品标准已经明确规定质量（品质）等级的，应当标示质量（品质）等级。

3. 食品保质期检验

食品保质期是衡量食品质量的一个重要指标，也是食品检验的一项重要内容。我国《食品安全法》规定：食品生产企业应当建立食品原料、食品添加剂、食品相关产品进货查验记录制度，如实记录食品原料、食品添加剂、食品相关产品的保质期，并保存相关凭证；记录和凭证保存期限不得少于产品保质期满后六个月；没有明确保质期的，保存期限不得少于二年；食品经营企业应当建立食品进货查验记录制度，如实

记录食品的保质期，并保存相关凭证。

1991年，原轻工业部对罐头、饮料等十类食品的保质期作出了规定，部分仍在参照执行。目前，食品的保质期一般由食品生产企业确定，酿造酱油、酿造食醋等食品类国家标准对相关食品的保质期限也有规定，部分行业协会也对相关食品的保质期作出了规定。例如，中国食品工业协会制定了团体标准《食品保质期通用指南》（T/CNFIA 001—2017），中国罐头工业协会和全国食品工业标准化技术委员会罐头分技术委员会对罐头食品保质期作出了统一规定。这些标准和规定可作为食品保质期检验的依据。

4. 茶叶的检验

食品的种类繁多，各类食品的检验内容和检验方法也各不相同。以下就对茶叶这种常见食品的检验方法进行介绍。

茶叶质量的检验方法包括感官检验法和理化检验法，以感官检验为主，理化检验只起辅助作用。

（1）茶叶的感官检验

茶叶的感官检验一般分两个阶段进行，先“干看”，后“湿看”，“干看”即冲泡前鉴别，“湿看”即冲泡后鉴别。

1）茶叶的外观质量检验。首先，对茶叶的形态、嫩度、色泽、净度、香气、滋味等六方面指标进行体察与目测。不同种类的茶叶外形各异，但一般都是以细密、紧固、光滑、质重等的程度作为衡量标准。然后观察茶叶的油润程度，芽尖和白毫的多寡，梗、籽、片、末的含量，并由此判断茶叶的色泽、嫩度和净度。最后，通过鼻嗅和口嚼来评价茶香的浓郁度，有无苦、涩、霉、焦等异味。

① 外形。茶叶的外形一般用条索的状态来描述，各种茶叶的条索状态各不相同。一般可以从条索的松紧、弯直、壮瘦、圆扁、轻重等来观察评定。

② 嫩度。嫩度检验即通过芽尖和白毫的多少来判断叶质的老嫩程度，检验时应注意符合各种茶叶规定的嫩度。因为茶类不同，外形要求、嫩度要求、采摘标准也不同。嫩度好的，芽与嫩叶的比例大，身骨重，叶质厚实。

③ 净度。茶叶的净度指茶叶中杂质的多少，主要是通过茶叶中梗、片、末、籽的含量和非茶类杂质的有无来检验的。茶叶中的杂质有两类，即茶类杂质和非茶类杂质。茶类杂质主要指梗、片、末、籽等，非茶类杂质主要指在采制、储运中混杂在茶叶中的杂草、树叶、泥沙、石块、竹片等。优质茶叶外观洁净，无茶梗，无非茶类杂质。劣质茶叶则含有少量茶梗或少许茶籽、碎末等。

④ 香气和滋味。香气和滋味的检验方法是拿一撮茶叶放在掌中，用嘴哈气，使茶叶受微热而产生香味，再仔细嗅闻。也可将少许茶叶置于口中慢慢咬嚼，细品其滋味。

优质茶叶具有本品种特有的正常茶香，香气馥郁、清雅，咬嚼口感鲜爽，并具有较强的收敛性。劣质茶叶的香气淡薄或无香气，滋味苦涩，有的甚至散发出青草味、烟焦味、霉味或其他异常气味，口感苦涩不堪。

2）茶叶的内在质量检验。“湿看”包括茶叶冲泡成茶汤后的颜色、气味、滋味、叶底等项内容的检验，即观察茶汤的色度、亮度和清浊度，嗅闻茶汤的香气是否醇厚浓郁，品尝其味道是否醇香甘甜，观察叶底的色泽、厚薄与软硬程度等。可将 3 g 左右的茶叶用 150～180 mL 沸水沏开，待泡好之后即可进行检验。

① 汤色。汤色检验主要是看茶汤的色度、亮度、清浊度，但应该注意在茶沏好后要立即进行检验，待茶汤冷却后不但汤色不好、色泽较深，而且还会出现“冷混浊”。优质茶叶茶汤色泽艳丽，澄清透明，说明茶叶鲜嫩，加工充分，水中浸出物多，质量好。

② 气味。虽然干闻也能辨别茶叶的香气，但不如湿闻时明显。取一杯冲泡好的茶水，不要把杯盖完全揭开，只需稍稍掀开一道缝隙并进行嗅闻，嗅闻后仍旧盖好放回原位。优质茶叶具有本品种茶叶的正常茶香，香气清爽、醇厚、浓郁、持久，并且新鲜纯正，没有其他异味。劣质茶叶的香气淡薄，持续时间短，无新茶的新鲜气味，有的甚至具有烟焦、发馊、霉变等异常气味。

③ 滋味。茶汤的滋味有浓淡、强弱、鲜陈、甘苦、滑涩之分。优质红茶以醇厚甘甜为优，喉间回味悠长；劣质红茶味淡、苦涩，无回味或回味短。优质绿茶先稍涩，而后转甘，鲜爽醇厚；劣质绿茶味淡薄，苦涩或略有焦味。优质花茶滋味清爽甘甜，鲜花香气明显；劣质花茶味淡薄，回味短。

④ 叶底。茶叶叶底的色泽和软硬可以反映出鲜叶原料的老嫩。叶底的色泽还与汤色有密切的关系，叶底色泽的鲜亮与昏暗往往和汤色的明亮与混浊是一致的。茶叶叶底柔软者说明所用原料为比较细嫩的鲜叶。用粗老的鲜叶制成的茶，其叶底也比较粗硬。鉴别叶底的软硬、薄厚和老嫩程度时，除用眼睛观察外，还可采用指按、咬嚼等方式。

（2）茶叶的理化检验

茶叶的理化检验是指运用物理、化学的方法和手段检测成品茶、半成品茶、茶制品的物理性状和化学成分含量的方法。

茶叶的理化特性，特别是茶叶中所含的化学成分是决定茶叶特性的物质基础。它不仅影响茶叶的香气、滋味、色泽，还影响茶叶的外形。我国茶叶产品国家标准对茶叶产品的理化指标做出了具体的要求，其中主要的理化指标包括茶叶的水分、灰分、粉末和碎茶、水浸出物、粗纤维、茶多酚和氨基酸等。例如，我国国家标准《绿茶 第 1 部分：基本要求》（GB/T 14456.1—2017）中规定：各种绿茶总灰分的质量分数应小于 7.5%，粉末的质量分数应小于 1.0%，水浸出物的质量分数应大于 34.0%，茶多酚的质量分数应大于 11.0%。

以茶叶水分的测定方法为例，依次进行取样、试样制备、烘皿准备、测定水分和结果计算。在测定时，可采用103℃±2℃恒重法（仲裁法）或120℃烘干法（快速法）。

（3）茶叶真伪与新陈的检验

茶叶的真伪与新陈可用灼烧法、水泡法进行检验。

灼烧法是取待检茶和真茶各数片，分别放在酒精灯上灼烧，真茶叶有馥郁芬芳的茶香，假茶叶只有其他异味。

水泡法是将茶叶用开水冲泡，待茶叶展开后，仔细观察叶形、叶脉、锯齿等特征。真茶具有明显的网状叶脉，主脉直射顶端，侧脉伸展至叶缘2/3的部位便向上方弯曲，呈弧形与上方支脉相结合，叶背有白茸毛，叶的边缘锯齿显著，基部锯齿渐稀。假茶则不具有这些特征。

新茶一般色泽鲜亮，香气浓郁，有新鲜爽口的感觉，具有茶叶应有的明显特点，而隔年陈茶则色泽暗枯、香气平淡，冲泡后汤色发暗，有陈气味。

二、药品的检验

根据《中华人民共和国药品管理法》，药品经营企业和医疗机构购进药品时，必须建立并执行进货检查验收制度，验明药品合格证明和其他标识。不符合规定要求的，不得购进。

1. 药品检验的基本要求

（1）药品检验人员

在药品经营企业中从事药品检验工作的人员，应当具有药学或者医学、生物、化学等相关专业中专以上学历或者具有药学初级以上专业技术职称；从事中药材、中药饮片验收工作的人员，应当具有中药学专业中专以上学历或者具有中药学中级以上专业技术职称。

（2）药品检验的准备工作

对符合收货要求的药品，药品经营企业的收货人员应当按品种特性要求放于相应待验区域，或者设置状态标志，通知有关人员检验。冷藏、冷冻药品应当在冷库内待验。特殊管理的药品应当按照相关规定在专库或者专区内检验。

检验药品时应当按照药品批号查验同批号的检验报告书。供货单位为批发企业的，检验报告书应当加盖其质量管理专用章原印章。检验报告书的传递和保存可以采用电子数据形式，但应当保证其合法性和有效性。

（3）药品的抽样检验

药品经营企业应当对每次到货的药品进行逐批抽样检验，抽取的样品应当具有代表性。同一批号的药品应当至少检查一个最小包装，但生产企业有特殊质量控制要求或者打开最小包装可能影响药品质量的，可不打开最小包装；破损、污染、渗液、封条损坏等包装异常以及零货、拼箱的，应当开箱检查至最小包装；外包装及封签完整的原料药、实施批签发管理的生物制品，可不开箱检查。

检验人员应当对抽样药品的外观、包装、标签、说明书以及相关的证明文件等逐一进行检查、核对。检验结束后，应当将抽取的完好样品放回原包装箱，加封并标示。

（4）药品包装的检验

药品包装分内包装和外包装两种。内包装是直接接触药品的包装，主要有玻璃瓶、塑料瓶、纸袋、复合膜、铝塑板等。外包装有纸箱、塑板箱和包装衬垫物等。

外包装应检验的内容包括：包装箱封条有无损坏，包装上是否清晰注明药品通用名称、规格、生产厂商、生产批号、生产日期、有效期、批准文号、贮藏要求、包装规格及储运图示标志，以及特殊管理的药品、外用药品、非处方药的标识等标记。

内包装应检验的内容包括：最小包装的封口是否严密、牢固，有无破损、污染或渗液，包装及标签印字是否清晰，标签粘贴是否牢固。

实施电子监管的药品，其内外包装上均应有电子监管条码，并符合规定。

直接接触药品的包装材料和容器必须符合药用要求，符合保障人体健康、安全的标准，并获得药品监督管理部门的审批。药品包装必须适合药品质量的要求，方便储存、运输和医疗使用。

中药饮片应当具有与药品性质相适应的包装材料和容器，包装不符合规定的中药饮片不得销售。中药材应有包装，并标明品名、规格、产地、供货单位、收购日期、发货日期等。实施批准文号管理的中药材还需注明批准文号。

药品包装必须按照规定印有或贴有标签，不得夹带其他任何介绍或者宣传产品、企业的文字、音像及其他资料。药品生产企业生产供上市销售药品的最小包装必须附有说明书。

（5）药品标签的检验

药品标签是指药品包装上印有或者贴有的内容，分为内标签和外标签。药品内标签指直接接触药品的包装的标签，外标签指内标签以外的其他包装的标签。药品的标签应当以说明书为依据，其内容不得超出说明书的范围，不得印有暗示疗效、误导使用和不适当宣传产品的文字和标识。

每一最小包装的标签应印有药品通用名称、成分、性状、适应症或者功能主治、规格、用法用量、不良反应、禁忌、注意事项、贮藏要求、生产日期、产品批号、有效期、批准文号、生产企业等内容。注射剂瓶、滴眼剂瓶等因标签尺寸限制无法全部注明上述内容时，至少标明药品通用名称、规格、产品批号、有效期等内容。中药蜜丸蜡壳至少注明药品通用名称。

药品通用名称的字体颜色必须是黑色或者白色，与相应的浅色或者深色背景形成强烈反差。药品商品名称不得与通用名称同行书写，其字体和颜色不得比通用名称更突出和显著，字体的单字面积不得大于通用名称所用字体的1/2。

进口药品的包装、标签以中文注明药品通用名称、主要成分以及注册证号，并有中文说明书。

（6）药品说明书的检验

化学药品与生物制品说明书应列有以下内容：药品名称（通用名称、商品名称、英文名称、汉语拼音）、成分（活性成分的化学名称、分子式、分子量、化学结构式，复方制剂可列出其组分名称）、性状、适应证、规格、用法用量、不良反应、禁忌、注意事项、孕妇及哺乳期妇女用药、儿童用药、老年用药、药物相互作用、药物过量、临床试验、药理毒理、药代动力学、贮藏要求、包装、有效期、执行标准、批准文号、生产企业（企业名称、生产地址、邮政编码、电话和传真）。

中药说明书应列有以下内容：药品名称（通用名称、汉语拼音）、成分、性状、功能主治、规格、用法用量、不良反应、禁忌、注意事项、药物相互作用、贮藏要求、包装、有效期、执行标准、批准文号、说明书修订日期、生产企业（企业名称、生产地址、邮政编码、电话和传真）。

（7）产品合格证的检验

每一整件药品包装应有产品合格证。产品合格证一般包括药品名称、规格、生产厂商、生产批号、生产日期、有效期、检验依据、检验人员和包装人员等内容。

（8）常见检验项目的标准格式

1）药品批准文号。国家药品监督管理局印发的《关于统一换发并规范药品批准文号格式的通知》（国药监注〔2002〕33号）规定，药品批准文号的格式为“国药准字＋1位字母＋8位数字”，试生产药品批准文号的格式为“国药试字＋1位字母＋8位数字”。其中，化学药品使用字母“H”，中药使用字母“Z”，通过国家药品监督管理局整顿的保健药品使用字母“B”，生物制品使用字母“S”，体外化学诊断试剂使用字母“T”，药用辅料使用字母“F”，进口分包装药品使用字母“J”。数字第1、第2位为原批准文号的来源代码，其中“10”代表原卫生部批准的药品，“19”“20”代表2002年1月1日以前国家药品监督管理局批准的药品，其他使用各省行政区划代码前两位的，为原各省级卫生行政部门批准的药品；第3、第4位为换发批准文号之年公元年号的后两位数字，但来源于卫生部和国家药品监督管理局的批准文号仍使用原文号年号的后两位数字；数字第5至8位为顺序号。

2）药品批号。《药品生产质量管理规范》（卫生部令第79号）规定，批号是用于识别一个特定批的具有唯一性的数字和（或）字母的组合。通过药品批号可以追溯和审查该批药品的生产历史。目前，国内一般是将批号与制造日期合并，从批号可知药品的生产日期和批次。药品批号按生产日期编排时，以数字表示，一般采用6位数字，前两位数字为年份，中间两位数字为月份，后面两位数字为批次号。例如，批号150825表明该药品是2015年8月生产的第25批药品。入库药品和库存药品均以批号为单位进行抽样检验，检验结果代表整个批号的质量情况。

3）药品有效期。药品标签中的有效期应当按照年、月、日的顺序标注，年份用四位数字表示，月、日用两位数表示。其具体标注格式为“有效期至××××年××月”或者“有效期至××××年××月××日”；也可以用数字和其他符号表示为“有效期至××××.××.”或者“有效期至××××/××/××”等。有效期若标注到日，应当为起算日期对应年、月、日的前一天，若标注到月，应当为起算月份对应年、月的前一月。进口药品常以Expiry Date（截止日期）表示失效期，或以Use Before（在之前使用）表示有效期。

4）专有标识和警示说明。特殊管理药品和外用药品的包装、标签及说明书上均应有规定的标识和警示说明；处方药和非处方药的标签和说明书上应有相应的警示语或忠告语，非处方药的包装应有国家规定的专有标识；蛋白同化制剂、肽类激素及含兴奋剂类成分的药品应有“运动员慎用”警示标识。

例如：甲类非处方药的标识为红色，乙类非处方药的标识为绿色。处方药的警示语或忠告语是：凭医师处方销售、购买和使用；非处方药的警示语或忠告语是：请仔细阅读药品使用说明书并按说明使用或在药师指导下购买和使用。

（9）药品检验注意事项

检验药品应当做好检验记录，包括药品的通用名称、剂型、规格、批准文号、批号、生产日期、有效期、生产厂商、供货单位、到货数量、到货日期、检验合格数量、检验结果等内容。检验人员应当在检验记录上签署姓名和检验日期。中药材检验记录应当包括品名、产地、供货单位、到货数量、检验合格数量等内容。中药饮片检验记录应当包括品名、规格、批号、产地、生产日期、生产厂商、供货单位、到货数量、检验合格数量等内容。检验不合格的还应当注明不合格事项及处置措施。

2. 常见药品种类的检验

（1）片剂的检验

片剂是指原料药物或与适宜的辅料制成的圆形或异形的片状固体制剂。中药还有浸膏片、半浸膏片和全粉片等。

片剂外观应完整光洁，色泽均匀，有适宜的硬度和耐磨性，以免包装、运输过程中发生磨损或破碎。除另有规定外，非包衣片应符合片剂脆碎度检查法的要求。

片剂的检验项目一般有重量差异检验、崩解时限检验、发泡量检验、分散均匀性检验和微生物限度检验。

以重量差异检验为例，其检验方法是：取供试品 20 片，精密称定总重量，求得平均片重后，再分别精密称定每片的重量，每片重量与平均片重比较（凡无含量测定的片剂或有标示片重的中药片剂，每片重量应与标示片重比较），按表 2—1 中的规定，超出重量差异限度的不得多于 2 片，并不得有 1 片超出限度 1 倍。

表 2—1　　片剂的重量差异限度

平均片重或标示片重	重量差异限度
0.30 g 以下	±7.5%
0.30 g 及 0.30 g 以上	±5%

糖衣片的片芯应检查重量差异并符合规定，包糖衣后不再检查重量差异。薄膜衣片应在包薄膜衣后检查重量差异并符合规定。凡规定检查含量均匀度的片剂，一般不再进行重量差异检查。

（2）胶囊剂的检验

胶囊剂是指原料药物或与适宜辅料充填于空心胶囊或密封于软质囊材中制成的固体制剂，可分为硬胶囊、软胶囊（胶丸）、缓释胶囊、控释胶囊和肠溶胶囊，主要供口服用。

胶囊剂应整洁，不得有黏结、变形、渗漏或囊壳破裂等现象，并应无异臭。根据原料药物和制剂的特性，除来源于动、植物多组分且难以建立测定方法的胶囊剂外，溶出度、释放度、含量均匀度等应符合要求。必要时，内容物包衣的胶囊剂应检查残留溶剂。

胶囊剂的检验项目一般有水分检验、装量差异检验、崩解时限检验和微生物限度检验。

以装量差异检验为例，其检验方法是：取供试品 20 粒（中药取 10 粒），分别精密称定重量，倾出内容物（不得损失囊壳），硬胶囊囊壳用小刷或其他适宜的用具拭净；软胶囊或内容物为半固体或液体的硬胶囊囊壳用乙醚等易挥发性溶剂洗净，置通风处使溶剂挥尽，再分别精密称定囊壳重量，求出每粒内容物的装量与平均装量。每粒装量与平均装量相比较（有标示装量的胶囊剂，每粒装量应与标示装量比较），按表 2—2 中的规定，超出装量差异限度的不得多于 2 粒，并不得有 1 粒超出限度 1 倍。

表 2—2　　胶囊剂的装量差异限度

平均装量或标示装量	装量差异限度
0.30 g 以下	±10%
0.30 g 及 0.30 g 以上	±7.5%（中药±10%）

凡规定检验含量均匀度的胶囊剂，不再检验装量差异。

（3）注射剂的检验

注射剂是指原料药物或与适宜的辅料制成的供注入体内的无菌制剂，可分为注射液、注射用无菌粉末和注射用浓溶液等。

溶液型注射液应澄清。除另有规定外，混悬型注射液中原料药物粒径应控制在 15 μm以下，含 15～20 μm（间有个别 20～50 μm）者，不应超过10%，若有可见沉淀，振摇时应容易分散均匀。乳状液型注射液不得有相分离现象。静脉用乳状液型注射液中 90%的乳滴粒径应在 1 μm 以下，不得有粒径大于 5 μm 的乳滴。

注射剂常用容器有玻璃安瓿、玻璃瓶、塑料安瓿、塑料瓶（袋）、预装式注射器等。容器的密封性须用适宜的方法确证。除另有规定外，容器应符合有关注射用玻璃容器和塑料容器的国家标准规定。容器用胶塞特别是多剂量包装注射液用的胶塞要有足够的弹性和稳定性，其质量应符合有关国家标准规定。除另有规定外，容器应足够透明，以便检视内容物。

注射剂应进行的检验项目一般有装量检验、装量差异检验、渗透压摩尔浓度检验、可见异物检验、不溶性微粒检验、中药注射剂有关物质检验、重金属及有害元素残留量检验、无菌检验、细菌内毒素检验或热原检验。

（4）颗粒剂的检验

颗粒剂是指原料药物与适宜的辅料混合制成的具有一定粒度的干燥颗粒状制剂，可分为可溶颗粒（通称为颗粒）、混悬颗粒、泡腾颗粒、肠溶颗粒、缓释颗粒和控释颗粒等。

颗粒剂应干燥，颗粒均匀，色泽一致，无吸潮、软化、结块、潮解等现象。根据原料药物和制剂的特性，除来源于动、植物多组分且难以建立测定方法的颗粒剂外，溶出度、释放度、含量均匀度等应符合要求。

颗粒剂的检验项目一般有粒度检验、水分检验、干燥失重检验、溶化性检验、装量差异检验、装量检验和微生物限度检验。

以溶化性检验为例，其检验方法是：对可溶性颗粒进行检验时，应取供试品 10 g（中药单剂量包装取 1 袋），加热水 200 mL，搅拌 5 min，立即观察，可溶性颗粒应全部溶化或轻微浑浊；对泡腾颗粒进行检验时，应取供试品 3 袋，将内容物分别转移至盛有 200 mL 水的烧杯中，水温为 15～25℃，应迅速产生气体而呈泡腾状，5 min 内颗粒均应完全分散或溶解在水中。

（5）糖浆剂的检验

糖浆剂是指含有原料药物的浓蔗糖水溶液。

除另有规定外，糖浆剂应澄清。在贮存期间不得有发霉、酸败、产生气体或其他变质现象，允许有少量摇之易散的沉淀。

糖浆剂的检验项目一般有装量检验和微生物限度检验。

以单剂量灌装糖浆剂的装量检验为例，其检验方法是：取供试品 5 支，将内容物分别倒入经标化的量入式量筒内，尽量倾净。在室温下检视，每支装量与标示装量相比较，少于标示装量的不得多于 1 支，并不得少于标示装量的 95%。

（6）软膏剂和乳膏剂的检验

软膏剂是指原料药物与油脂性或水溶性基质混合制成的均匀的半固体外用制剂，可分为溶液型软膏剂和混悬型软膏剂。乳膏剂是指原料药物溶解或分散于乳状液型基质中形成的均匀半固体制剂，可分为水包油型乳膏剂和油包水型乳膏剂。

软膏剂和乳膏剂应具有适当的黏稠度，应易涂布于皮肤或黏膜上，不融化，黏稠度随季节变化应很小；应无酸败、异臭、变色、变硬等变质现象。乳膏剂不得有油水分离及胀气现象。软膏剂和乳膏剂所用内包装材料不应与原料药物或基质发生物理化学反应，无菌产品的内包装材料应无菌。

软膏剂和乳膏剂的检验项目一般有粒度检验、装量检验、无菌检验和微生物限度检验。

以混悬型软膏剂、含饮片细粉软膏剂的粒度检验为例，其检验方法是：取供试品适量，置于载玻片上涂成薄层，薄层面积相当于盖玻片面积，共涂 3 片，按照粒度和粒度分布测定法测定，均不得检出粒径大于 180 μm 的粒子。

（7）栓剂的检验

栓剂是指原料药物与适宜基质制成的供腔道给药的固体制剂，可分为直肠栓、阴道栓和尿道栓。

栓剂所用内包装材料应无毒性，并不得与原料药物或基质发生理化作用。

栓剂应进行的检验项目一般有重量差异检验、融变时限检验和微生物限度检验。

以重量差异检验为例，其检验方法是：取供试品 10 粒，精密称定总重量，求得平均粒重后，再分别精密称定每粒的重量。每粒重量与平均粒重相比较（有标示粒重的中药栓剂，每粒重量应与标示粒重比较），按表 2—3 中的规定，超出重量差异限度的不得多于 1 粒，并不得超出限度 1 倍。

表 2—3　　栓剂的重量差异限度

平均粒重或标示粒重	重量差异限度
1.0 g 及 1.0 g 以下	±10%
1.0 g 以上至 3.0 g	±7.5%
3.0 g 以上	±5%

凡规定检查含量均匀度的栓剂，一般不再进行重量差异检查。

三、纺织品的检验

纺织品是指纺织纤维经过加工织造而成的产品，主要的检验方法有以下几种：

1. 手感目测法

手感目测法是指检验人员用眼看和手摸的方法对织物的光泽色彩、光滑程度、干爽性、褶皱性、弹性、柔软悬垂性等进行检验，还可从织物上拆下纱线，解捻后根据纤维的长短、长度整齐度、柔软或粗糙等特征加以确定。

棉织物手感柔软，布面干爽，色泽暗淡；毛纤维细而柔，因而毛织物手感温暖，滑糯挺爽，富有弹性，手捏放松后褶皱迅速恢复，光泽柔和，毛纤维较长，有卷曲；麻纤维长度长、粗硬，因有胶质而集成小束，因而麻织物手感粗硬、坚韧、挺括、易皱、凉爽，布面有经纬向随机分布的节；丝纤维为长纤维，且有特殊的光泽，因而丝织物手感柔软、光滑爽洁，富有强力，揉搓时发出特有的丝鸣；再生纤维织物手感平滑柔软，有湿冷感，色彩鲜艳，光泽柔和，用手捏紧放松后褶皱较多，且恢复慢，吸湿性差。不同品种合成纤维在外观手感上很相近，用手感目测法较难区别，一般用其他方法进行检验。

2. 燃烧法

采用燃烧法检验时，先从织物上拆下几根纱线或纤维，用镊子夹住，慢慢移近火焰，仔细观察纤维接近火焰、在火焰中以及离开火焰时燃烧的程度、气味和灰烬等特征，据此可大致判断纤维种类。

3. 显微镜观察法

显微镜观察法是借助显微镜观察纤维纵向截面和横向截面的形态特征，配合染色等方法，来检验和区分纤维种类。

4. 溶剂溶解法

溶剂溶解法是利用各种纤维在不同的化学溶剂中溶解性的不同来检验纤维的方法。这种方法应用较广泛。在进行手感目测和显微镜观察等初步检验后，再用溶解法加以证实，可以确定各种纤维的具体品种。利用溶剂溶解法检验纤维时，必须注意纤维溶解性能不仅与溶剂的种类有关，而且与溶剂的浓度、溶解时的温度、作用时间等都有关。因此，在具体测定时，必须严格控制检验条件。

5. 试剂显色法

利用试剂显色法鉴别纤维，是根据试剂与各种纤维发生作用后呈现的不同色泽来

确定纤维类别。此法比较准确，但仅适用于原色纤维，有色纤维需褪色后再进行检验。

检验前需配好甲、乙两种试液。甲种试液的具体做法是先将 3 g 碘化钾溶于 60 mL 水中，然后加入 1 g 碘和 40 mL 水，放置几分钟后，滤去溶液中过剩的碘。乙种试液的具体做法是在两份甘油中加入一份水，再加入三份浓硫酸。然后量取甲试液两份、乙试液一份配成混合液，将纤维置于其中浸泡 1 min，再取出用清水洗净，按纤维色泽确定其种类。

思考练习题

1. 什么是商品检验？商品检验有哪些类别与方式？
2. 商品检验的方法有哪些？
3. 商品检验的程序是什么？主要检验哪些内容？
4. 什么是商品抽样？常用的商品抽样方法有哪几种？
5. 商品检验的项目有哪些？商品检验的具体方法有哪些？
6. 食品的常规检验包括哪些方面？
7. 茶叶如何进行感官检验？
8. 如何进行药品的抽样检验？
9. 准备一块纯棉织布和一块含化纤的非纯棉织布，根据所学的知识，运用感官检验法检验这两块布，判断哪块是纯棉织布。

第三章　商品包装基础

商品包装是附属于内装商品的特殊商品，具有价值和使用价值，同时又是实现内装商品价值和使用价值的重要手段。商品包装的内容十分丰富，涉及材料、机电、工艺设计等多个领域的知识。

第一节　商品包装概述

一、商品包装的概念、属性和功能

1. 商品包装的概念

商品包装是指为在流通过程中保护商品、方便储运、促进销售，按一定的技术方法采用的容器、材料及辅助物等的总称。它也指为了达到上述目的而在采用容器、材料及辅助物的过程中施加一定技术方法等的操作活动。

2. 商品包装的属性

现代商品包装既具有生产属性，又具有艺术属性。商品包装是商品生产的一个重要组成部分，商品和包装共同组成了统一的商品体。使用某种材料、按照一定技术方法制成的包装容器是为了在流通和消费领域中实现商品的价值和使用价值，它是一种工具和手段，能提高商品的价值。同时，优美的包装是通过画面和文字来表现的，是美化、宣传和介绍商品的重要手段。

3. 商品包装的功能

（1）保护商品

商品包装的一个重要功能就是保护包装内的商品不受损伤。为防止商品在空间位

移和储存过程中发生破碎、挥发、污染、渗漏等损失，要选用适宜的包装物料，采用相应的防护措施，从而保护商品。

（2）方便物流

合理的包装物料、包装技术、包装标志等，还有利于实施安全装卸、合理运输、科学堆码等物流作业。

（3）促进销售

商品的包装就是企业的面孔，是无声的“推销员”。商品包装在一定程度上能传递商品信息，促进商品的销售。销售包装上大多标示着商标、商品名称、品种、规格、产地、原料成分、性能特点、功能用途，以及使用方法、保管储藏方法等信息，从而起到介绍商品、宣传商品、促进销售的作用。

销售包装的信息传递与促销功能的延伸就发展成装饰（美化）性包装。这种包装是商品的“外衣”，它通过包装物优美的造型、具有特色的色彩图案和合理的定位来表现、装饰和美化商品的性能特点、质量特征，常给人以美的享受，同时激发消费者的购买欲望。有些包装当内装商品消费完后，还可被用作陈设物或收藏品。例如，有的消费者因喜爱五粮液酒的十二生肖包装而购买这种酒。当然，过度包装污染环境，必须予以限制。

有的商品采用透明包装和开窗包装，消费者可以直接看到商品的外形、颜色和质量，达到了利用商品本身的形态美宣传商品和促销的目的。

（4）为经营和消费提供便利

优秀的包装设计还能方便商家经营和消费者使用。例如，合理的包装易于实现商品的展销陈列、销售计价以及自动售货，便于消费者携带、使用、开启、存放、重新封装商品，也便于商家回收、处理商品。如市场上各种便携式结构、易开启结构、气压式喷雾结构的包装。

复用功能包装和改用功能包装也是包装的便利功能的一种延伸。复用功能是指包装内的商品用完（卸完）后，其包装还可以反复使用。改用功能是指包装内的商品用完后，其包装可以改作其他用途继续使用。这样可以扩大包装的用途。

（5）提升商品价值

优秀的包装具有文化内涵，能够美化商品，提升商品价值，增加商品附加值。

二、商品包装的分类

商品包装有很多不同的种类。商品包装常按包装在流通中的作用、包装的销售市场、包装材料和包装内容物来分类。

1. 按包装在流通中的作用分类

按包装在流通中的作用不同，商品包装可分为销售包装和运输包装。

销售包装是指以一件商品作为一个销售单元的包装形式，或将若干件单体商品组成一个供销售的整体的包装形式，也称为小包装或内包装。销售包装的技术要求是美观、安全、卫生、新颖、易于携带，其印刷、装潢要求较高。销售包装一般随商品销售给顾客，起着直接保护商品、宣传商品和促进商品销售的作用，还可方便商品陈列展销和顾客识别选购。

运输包装是指用于安全运输、保护商品的较大单元的包装形式，又称为外包装或大包装，如纸箱、木箱、集合包装、托盘包装等。运输包装一般体积较大，外形尺寸标准化程度高，坚固耐用，表面印有明显的识别标志。其主要功能是保护商品，方便运输、装卸和储存。

2. 按包装的销售市场分类

按包装的销售市场不同，商品包装可分为内销商品包装和出口商品包装。

内销商品包装是指用于国内市场的商品包装。出口商品包装是指用于出口商品的包装。内销商品包装和出口商品包装所起的作用基本是相同的，但因国内外物流环境和销售市场不同，它们之间会存在差异。内销商品包装必须与国内物流环境和销售市场相适应，要符合我国的国情；出口商品包装则必须与国外物流环境和销售市场相适应，能满足进口国家或地区的不同要求。

3. 按包装材料分类

按包装材料不同，商品包装可分为纸质包装、木质包装、金属包装、塑料包装、玻璃与陶瓷包装、纤维织品包装、复合材料包装和其他材料包装等。其中，复合材料包装是指以两种或两种以上材料黏合制成的包装，也称复合包装，主要有纸与塑料、塑料与铝箔、塑料与木材、塑料与玻璃等材料制成的包装。

4. 按包装的内容物分类

按包装的内容物不同，商品包装可分为食品包装、土特产包装、纺织品包装、药品包装、化工商品包装、化学危险品包装、机电商品包装等。

三、商品包装标准化

1. 商品包装标准化的概念

商品包装的标准化是指制定共同的和重复使用的包装规则，来规范和统一商品包

装。商品包装标准化工作就是制定、贯彻、实施商品包装标准的全过程活动。目前，我国的商品包装标准主要包括建材、机械、电工、轻工、医疗器械、仪器仪表、中西药、食品、农畜水产、邮电、军工等大类。

2. 商品包装标准化的内容

（1）包装基础标准

包装基础标准主要包括包装术语、包装尺寸、包装标志、包装基本试验方法和包装管理标准。

包装术语包括专用包装、通用包装、一次性包装等术语的名称和定义，包装尺寸包括如何正确表示包装的长度、宽度和深度，包装标志包括运输性标志和指示性标志等，包装基本试验方法包括包装压力试验方法、包装跌落试验方法等，包装管理标准包括合格外包装材料管理规定、产品包装质量检验标准等。

（2）包装材料标准

包装材料标准主要包括各类包装材料基础标准和包装材料试验方法。包装材料基础标准包括包装材料的术语、定义、结构、分类和技术要求等，包装材料试验方法包括包装用缓冲材料的动态压缩试验方法、包装用缓冲材料的振动传递特性试验方法等。

（3）包装容器标准

包装容器标准主要包括各类容器的基础标准和容器检验标准，如包装容器的国家标准编号和名称、包装容器的搬运储存标准等。

（4）包装技术标准

包装技术标准主要包括包装专用技术、包装专用机械、防毒包装、防锈包装等领域的技术标准，如食品包装专用技术标准、自动化包装机械技术标准、工业防毒技术标准和防锈包装技术标准等。

（5）相关标准

相关标准主要是指与包装关系密切的标准，如集装箱技术条件和尺寸、托盘技术条件和尺寸，以及叉车规格等。

第二节　商品包装标志

为了便于商品的流通、销售和使用，在商品包装上通常都印有某种特定的文字或图形，用于表示商品的性能、储运注意事项、质量水平等含义，这些具有特定含义的图形和文字称为商品包装标志。它的主要作用是便于识别商品，便于准确、迅速地运输货物，避免差错，加速流转等。

一、商品销售包装标志

商品销售包装标志一般是指附属于商品销售包装的一切文字、符号、图形及其他说明。它主要包括以下内容：

1. 销售包装的一般标志

（1）基本内容

一般商品销售包装标志的基本内容包括商品名称、生产企业、产地、商标、规格、数量或净含量、商品标准或代号、商品条码等。对已获质量认证或在质量评比中获奖的商品，应分别标明相应的标志。

（2）食品包装的特定标志

预包装食品的销售包装上必须标明食品的名称、规格、净含量、生产日期、成分或者配料表等事项。保健食品必须标有保健食品标志，如图 3—1 所示。进口的预包装食品和食品添加剂必须有中文标签。

以下是几种日常生活中常见的食品销售包装标志：

1）食品生产许可证编号。该编号取代曾广泛使用的食品“QS”标志，代表着企业唯一许可编码，可以达到识别、查询食品来源的目的。

2）无公害农产品标志。该标志如图 3—2 所示，图中麦穗代表农产品，对勾表示合格，金色寓意成熟和丰收，绿色象征环保和安全。

图 3—1　保健食品标志

图 3—2　无公害农产品标志

3）绿色食品标志。该标志如图 3—3 所示。绿色食品标志是由中国绿色食品发展中心在国家工商行政管理总局商标局正式注册的质量证明标志。它主要用于食品，并扩展到肥料等与绿色食品相关的产品上。

4）有机食品标志。该标志如图 3—4 所示。有机食品在生产加工过程中不得使用人工合成的化肥、农药和添加剂，对生产环境和品质控制的要求非常严格。有机食品必须通过合法有机食品认证机构的认证才能使用有机食品标志。

图 3—3 绿色食品标志

图 3—4 有机食品标志

（3）日用工业品包装的特定标志

除基本内容外，日用工业品的销售包装上还须标注商品的主要成分、净含量、性能特点、用途、使用方法、保养方法、生产日期、安全使用期或失效日期、品级、批号等。此外，还有一些专用的商品标志，如塑料制品回收标志。

（4）进口商品包装的特定标志

进口商品在每个小包装上必须用中文标注商品名称、产地、进口商或总经销商的名称和地址。对于关系到人身财产安全的进口商品，对其外包装所标注的内容还有更详细的规定。例如，家用电器、化妆品等必须在每个销售包装上标有中文说明、中国商检 CCIB 安全认证标志，动、植物商品必须在每个小包装上贴有检疫标志。

另外，随着人们对环境保护的重视，各国在商品包装方面力求对包装物进行再利用，可回收包装物的罐盖上或包装上应注明相应的识别标记。

2. 商品的质量标志

商品的质量标志就是指商品销售包装上反映商品质量的标志。它表明商品达到的质量水平，主要包括优质产品标志、产品质量认证标志和商品质量等级标志等。常见的商品质量标志如图 3—5 所示。

图 3—5 常见的商品质量标志

3. 商品的使用方法及注意事项标志

商品的种类、用途不同，反映其使用方法和注意事项的标志也各有不同。例如，服装业有国际通用的服装洗涤保养标志。

4. 商品的性能指示标志

商品的性能指示标志是指用来表示商品主要性能的简单图形和符号。例如，电冰箱用星级符号表示其冷冻室的温度范围。

5. 商品的特有标志

商品的特有标志是指名牌商品在其商品体的特定部位或包装物内标有的，让消费者更加容易识别本品牌商品的标志。它由企业自行设计制作，许多名牌西服、衬衫、酒等商品都有独特、精致的特有标志。

6. 商品的原材料和成分标志

商品的原材料和成分标志是指国家专门机构经检验认定后颁发的证明商品原材料或成分的标志，如纯羊毛标志（见图 3—6）、真皮标志（见图 3—7）等。

图 3—6　纯羊毛标志

图 3—7　真皮标志

7. 商品使用说明

商品使用说明是一种由文字、符号、图形、表格等分别或组合构成，向消费者传递商品信息和说明有关问题的工具。商品使用说明是商品的组成部分，是保护消费者利益的一种手段。商品使用说明可分为使用说明书、在商品或包装上的使用说明和说明性标签三种。

二、商品运输包装标志

为了便于商品的储存、运输和装卸，常用简单的文字或图形在运输包装外面印刷特定的记号和说明事项，即商品运输包装标志。运输包装标志按表现形式不同，可分

为文字标志和图形标志；按内容和作用不同，可分为运输包装收发货标志、包装储运图示标志和危险货物包装标志等。

1. 运输包装收发货标志

运输包装收发货标志是运输过程中识别货物的标志，也是一般贸易合同、发货单据和运输保险文件中有关标志事项的基本组成部分。它通常印刷在外包装上，其内容见表 3—1。

表 3—1　　运输包装收发货标志的内容

标志内容	代号	含　义
商品分类图示标志	FL	表明商品类别的特定符号
供货号	GH	供应该货物的供货清单号码（出口商品用合同号码）
货号	HH	商品顺序编号。以便出入库、收发货登记和核定商品价格
品名规格	PG	商品名称或代号。标明单一商品的规格、型号、尺寸、花色等
数量	SL	包装容器内含商品的数量
重量	ZL	包装件的重量（kg），包括毛重和净重
生产日期	CQ	产品生产的年、月、日
生产工厂	CC	生产该产品的工厂名称
体积	TJ	包装件的外径尺寸（体积＝长×宽×高）
有效期限	XQ	商品有效期至××××年××月
收货地点和单位	SH	货物到达站、港和某单位（人）收（可用贴签或涂写）
发货单位	FH	发货单位（人）
运输号码	YH	运输单号码
发运件数	JS	发货的件数

上述各项标志内容，除一定要有分类标志外，其他各项可合理选用。外贸出口商品根据国外客户的要求，以中、外文对照的形式印制相应的标志和附加标志。

收发货标志中的商品分类图示标志图形如图 3—8 所示。

2. 包装储运图示标志

包装储运图示标志是根据不同商品对物流环境的适应能力，用醒目、简洁的图

图 3—8 收发货标志中的商品分类图示标志图形

形和文字标明的在装卸、运输及储存过程中应注意的事项。国家标准《包装储运图示标志》（GB/T 191—2008）对此作了规定。常见包装储运图示标志如图 3—9 所示。

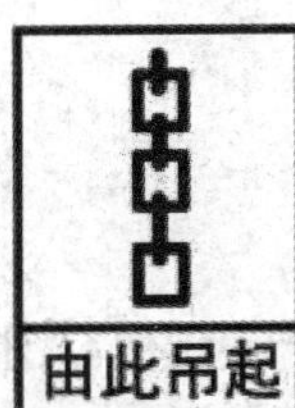

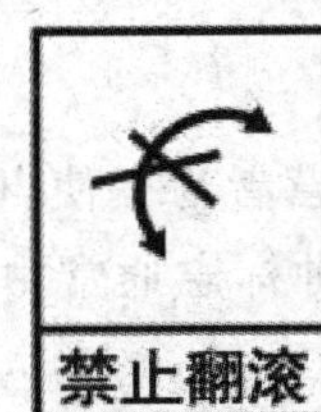

图 3—9 常见包装储运图示标志

3. 危险货物包装标志

危险货物包装标志是用来标明危险货物的专用标志。为了能引起人们特别警惕，此类标志采用特殊的彩色或黑白菱形图示。国家标准《危险货物包装标志》（GB 190—2009）规定了危险货物包装的标记、标签，标志的格式和使用方法等事项。常见危险货物包装标志如图 3—10 所示。

图 3—10 常见危险货物包装标志

第三节 商标

一、商标的概念、特点和作用

1. 商标的概念

商标俗称“牌子”，是指商品生产者或经营者为了使自己生产或销售的商品在市场上与其他商品相区别而使用的一种标志。这种标志通常由文字、图形或文字、图形组合而成的图案构成。

2. 商标的特点

（1）商标具有商品经济的属性

商标是商品经济发展的产物，是随着商品生产交换的发展而出现的商业性标志。商标的使用者是商品的生产者或经营者，而不是消费者。标志物是商品，而不是物品。标志的目的是出售商品。

（2）商标具有显著性

商标必须具有能够与其他商品相区别的显著特征，使不同企业的商品能够容易被区别、比较和鉴定。商标是商品生产者或经营者的独特标记，是企业信誉、商品知名度和评价的象征。

商标使用的文字、图形或者其组合应当有显著特征，以便于识别。使用注册商标，应当标明“注册商标”，或者使用注册标记，如“注册”“R”等。

（3）商标具有专有性

经过注册的商标使用在“一定范围”和“一定质量”的商品上时，他人不得冒用和侵权。“专用”和“排他”是注册商标最本质的含义。

（4）商标具有竞争性

商标在消费者心目中形成的形象反映了商品生产者或经营者的信誉，标志着商品的质量水平。商标在市场竞争中可以起到广告和无声“推销员”的作用，帮助消费者进行选购。

3. 商标与品牌的关系

品牌是一种名称、术语、符号或设计，或是它们的组合运用，其目的是借以辨认某个生产经营者或某一群生产经营者的产品或服务，并使之与竞争者的产品或服务区分开来。

品牌的标志和名称是品牌的组成部分，但并不是品牌的全部。品牌标志是指品牌中可识别但不能用言语表达的部分，包括符号、图案或专门设计的颜色、字体等。品牌名称则是指品牌中可用语言表达的部分。

商标是一个法律概念，品牌或品牌的一部分（一般是品牌标志或品牌名称）经依法注册后，就称为商标。商标是经过法律程序确认的，受到法律保护的品牌。

4. 商标的作用

商标是商品的记号，它代表向消费者提供的一组特定的属性、利益、服务、价值、个性以及文化。它的作用包括以下几个方面：

（1）识别商品的不同生产者或经营者

识别不同的商品生产者或经营者是商标最重要、最本质的功能。市场上同类商品竞争激烈，消费者可以通过商标识别厂家，指“牌”购买。使用商标可以增加消费者对商品的信任感。

（2）保护企业利益

注册商标受到法律保护，可以防止他人的仿制侵权。

（3）稳固客户群体

消费者一旦对某种商品的属性产生偏好，就会形成“品牌忠诚”现象，即在一定时间内保持对该品牌商品的购买选择。

（4）树立企业形象

品牌总是与企业形象联系在一起的，优秀的品牌有利于在消费者心目中树立起良

好的企业形象，并进而转化为对企业品牌的认同和偏好。

（5）促进经济良性发展

商标有助于实现商品和企业的优胜劣汰，促使企业不断提高商品质量，从而在宏观上促进经济的良性发展。

二、商标的分类

商标的分类尚无统一标准，通常按商标的符号类型、用途，以及商标的使用和商标的管理等来划分。

1. 按商标的符号类型分类

（1）文字商标

文字商标是指由各种文字、数字和字母构成的商标。例如，汉字商标“全聚德”，英文商标“IF”，字母商标“SONY”，数字商标“999”。

文字商标易读、易记，不易混淆，准确度高。但对不认识这种文字的受众来说，这些优点就不存在了。文字商标要尽量简短，在不同语系的目标市场译成当地文字时应易于识读，并且词意能符合当地人的习俗和喜好。

（2）图形商标

图形商标是指由图形构成的商标。图形商标不像语言文字易受到地域的限制，任何国家的人只要能识别图形，就容易识别出商标。但是，由于图形商标不便于称呼，所以较少单独使用。

（3）记号商标

记号商标是用某种记号构成的商标。记号作为商品的标志起源很早。古代一些商品就使用记号标志。《中华人民共和国商标法》（以下简称《商标法》）没有规定记号商标，但在实践中仍然有人使用。

（4）组合商标

组合商标是由文字、图形或记号组合而成的商标。例如，法国一家体育用品公司的“雄鸡”商标，其中的文字是“le coo sportif”，意为“雄鸡”，是商标名称，文字上方印有一只昂首挺立的雄鸡，是品牌标志。这种商标在我国也被普遍采用。组合商标易于识别，便于称呼，所以容易被人们接受。

2. 按商标的用途分类

（1）营业商标

营业商标是指以生产或经营企业的名称、标记作为商标，即用商号或厂标作为商标。例如，中国的“同仁堂”中药、美国的“福特”汽车等。营业商标在宣传商品的同时又宣传了企业，有助于提高企业的知名度。

(2) 商品商标

商品商标又称个别商标，是指为了将一定规格、品种的商品与其他商品区别开来，在个别商品上使用的商标。例如，不同规格的轮胎分别使用“骆驼”“金鹿”“工农”等商标。

(3) 等级商标

等级商标是指同一企业的同一类商品按不同规格、质量和等级使用的系列商标。

(4) 保证商标

保证商标也称证明商标，主要是指专为证明商品质量而使用的商标。如纯羊毛标志、绿色食品标志、真皮标志等。

(5) 服务商标

服务商标是用于区别提供不同服务项目的行业或企业的商标，是服务行业或企业所使用的行业标志或企业标志。按国际分类标准，商标注册用的服务主要有以下几类：

1) 广告、商业经营、商业管理、办公事务。

2) 保险、金融事务、货币事务、不动产事务。

3) 房屋建筑、修理、安装服务。

4) 电信。

5) 运输、商品包装和贮藏、旅行安排。

6) 材料处理。

7) 教育、提供培训、娱乐、文体活动。

8) 科学技术服务和与之相关的研究与设计服务、工业分析与研究、计算机硬件与软件的设计与开发。

9) 提供食物和饮料服务、临时住宿。

10) 医疗服务，兽医服务，人或动物的卫生和美容服务，农业、园艺或林业服务。

11) 法律服务、为有形财产和个人提供实体保护的安全服务、由他人提供的为满足个人需要的私人和社会服务。

服务商标的表现形式有文字、图形、字母、符号、呼号、乐曲等。服务商标一般不用于商品流通。

3. 按商品使用者分类

(1) 制造商标

制造商标是指表示商品制造者的商标，又称生产商标。这种商标往往与厂标一

致，如日本日立电器公司的“日立”商标。使用这种商标是为了区别制造者与销售商。

（2）销售商标

销售商标是指销售者为销售商品而使用的商标，也称商业商标，是销售者为了使自己经营的商品与其他人经营的商品相区别而使用的商标。这种商标常在生产者实力较弱、销售者享有盛誉的时候使用。世界上著名的大零售商如马狮、沃尔玛公司均有相当部分商品使用自有品牌和商标。

三、商标的设计原则

1. 商标设计要符合法律、法规要求

根据《商标法》的要求，我国的商标设计必须遵守以下原则：

（1）注册商标应有标记

为了区别不同注册商标，注册商标应该有标记，以便消费者识别。注册商标的标记方法是在商标旁加注“注册商标”“注册”“R”等字样。

（2）商标设计应符合商标禁用条款

以下几种标志不得作为商标使用：

1）同中华人民共和国的国家名称、国旗、国徽、国歌、军旗、军徽、军歌、勋章等相同或者近似的，以及同中央国家机关的名称、标志、所在地特定地点的名称或者标志性建筑物的名称、图形相同的。

2）同外国的国家名称、国旗、国徽、军旗等相同或者近似的，但经该国政府同意的除外。

3）同政府间国际组织的名称、旗帜、徽记等相同或者近似的，但经该组织同意或者不易误导公众的除外。

4）与表明实施控制、予以保证的官方标志、检验印记相同或者近似的，但经授权的除外。

5）同“红十字”“红新月”的名称、标志相同或者近似的。

6）带有民族歧视性的。

7）带有欺骗性，容易使公众对商品的质量等特点或者产地产生误认的。

8）有害于社会主义道德风尚或者有其他不良影响的。

县级以上行政区划的地名或者公众知晓的外国地名，不得作为商标。但是，地名具有其他含义或者作为集体商标、证明商标组成部分的除外；已经注册的使用地名的商标继续有效。

(3) 商标要具备显著性特征

在同一种商品或类似商品上，不能使用与他人的注册商标相同或者相似的商标，否则将构成侵权行为。

2. 商标设计要符合市场要求

(1) 商标要具有审美性

商标设计要符合消费者审美心理的要求，达到形象性、艺术性、新颖性、时代性等方面的高度统一。商标标志要具有艺术感染力。

(2) 商标要适应市场环境

商标要适应当前目标市场和潜在目标市场消费者的文化价值观念。文化价值观念是一个综合性的概念，包括风俗习惯、宗教信仰、民族文化、语言习惯等。不同的地区具有不同的文化价值观念。因此，品牌经营者要想使品牌进入新的市场，必须入乡随俗，设计适应当地市场文化环境并被消费者认可的商标。

(3) 商标要稳定并适时改进

商标要为消费者所熟知和信任，就必须长期使用，长期宣传，在消费者的心目中扎根。但商标也要不断改进，以适应市场环境的变化。

四、商标管理

商标管理是国家商标主管部门为了保护商标权、维护消费者的利益和社会经济秩序，根据商标有关法律法规，对商标注册和商标使用的有关行为进行监督、检验、协调、控制和服务的活动。

1. 商标管理的基本原则

(1) 保护商标专用权原则

商标越受人喜欢、知名度越高，所需要的社会必要劳动时间就越多，其价值也越高。保护商标专用权，就是从法律上承认企业在商标里凝结着“个别劳动”和“特殊劳动”的差别，进而承认并保护这种差别所带来的不同利益，促使企业着眼于市场需求，在商品质量上下功夫，从而促进经济的健康发展。

(2) 维护消费者利益原则

商标信誉是商标在消费者心目中的印象及消费者对商标的评价。商标信誉的高低主要取决于商品质量的优劣。企业凭借商标信誉占领市场，消费者则凭借商标选购商品。维护消费者利益原则是指商标主管部门通过商标管理监督商品质量，查处利用商标损害消费者利益的行为，从而保证消费者得到高质量的商品。

2. 商标使用管理

（1）对注册商标的使用管理

商标管理机构依法保护商标注册人行使商标专用权，同时监督商标注册人履行其应该承担的义务，并指导注册人规范地使用商标。

商标专用权包括商标使用权和禁止权。商标使用权是指商标注册人有权在核定的商品上使用其注册商标。商标禁止权是指商标注册人有权禁止其他人在同一种商品或者类似商品上使用与自己的注册商标相同或者相近的商标。商标管理机构通过对商标的管理，使注册商标专用权人的利益得到法律保障。

注册商标专用权人必须在法律规定的范围内行使权利，履行法定手续，不得滥用权利。

商标使用人应当对其使用商标的商品质量负责。

（2）对未注册商标的使用管理

商标实行自愿注册制度，企业可以根据其生产经营能力和需要，自行决定是否注册商标。没有注册的商标也是商品上的一种标志，但不享有商标专用权。当该商标与他人的注册商标相同或近似时，便构成侵权行为；当他人未注册的商标与之相同或相似时，该商标也得不到法律的保护。商标管理机构从保护商标权、维护社会经济秩序出发，应当对未注册商标进行管理。

（3）对国家规定必须使用注册商标的商品的管理

为了保护人民群众的生命和健康，我国对少数与人民健康和安全密切相关的商品实行严格管理，规定必须使用注册商标的商品必须申请注册商标，未经核准注册的，不得在市场上销售。市场监督管理部门应加强对未注册商标使用行为的监督检查，主要是检查有无擅自在商品或包装上加注注册标记，冒充注册商标的，以及有无违反《商标法》的规定，将禁用标记、县级以上行政区划名称和公众知晓的外国地名作为商标使用的。除此以外，还应检查并督促未注册商标使用人在生产和销售的商品上标明企业名称、地址等责任标记。凡发现未注册商标与他人注册商标相同或近似的，应坚决禁止使用。

思考练习题

1. 什么是商品包装？
2. 商品包装的主要功能有哪些？
3. 商品包装如何分类？

4. 商品包装标准化包括哪些内容？

5. 商品销售包装标志主要包括哪些内容？

6. 商标有什么作用？

7. 概述商标与品牌的关系。

8. 商标如何分类？

9. 根据《商标法》的要求，商标设计必须遵循的原则是什么？

10. 概述商标管理的基本原则。

第四章　商品包装材料

包装材料是商品包装的物质基础。从原始人类用树叶、竹子、贝壳等自然材料包装食物，到北宋时期用纸张、布匹等制品包装物品，再到近现代将金属、玻璃、塑料等作为新型包装材料，包装材料随着科技的发展发生着日新月异的变化。了解和掌握各种包装材料的规格、性能和用途，对正确设计和使用包装至关重要。

第一节　包装材料概述

包装是一个古老而现代的事物。从原始社会到农耕时代，再到科技发达的现代社会，包装和包装材料随着人类的进化、商品和生产的发展以及科学技术的进步而逐步发展。

包装材料是指包装容器、包装装潢、包装印刷和包装运输等所使用的材料，既包括金属、塑料、玻璃、纸、竹木、天然纤维、化学纤维、复合材料等主要包装材料，又包括黏合剂、胶带、涂料等辅助材料。

包装材料在整个包装工业中占有重要地位，是发展包装技术、提高包装质量和降低包装成本的基础。因此，了解包装材料的性能、应用范围和发展趋势，对合理选用包装材料，降低包装成本，创造并应用新型包装和包装技术，提高包装技术水平和包装管理水平，都具有重要的意义。

一、选用包装材料的原则

1. 满足储存、运输等环境和作业要求

包装材料必须使包装的内容物在储存和运输过程中免受机械性损伤，耐受各种气候和物理、化学因素的变化与侵蚀。一般来说，包装材料应具备的性能包括抗压强度、

冲击强度、刚度、韧性、抗蠕变性、抗静电性、尺寸稳定性、保香性、保味性、对水气阻隔性、材料迁移性、耐高温性、耐油脂性、耐有机溶剂性、耐酸性、耐碱性等。不同商品对包装材料具体性能要求的侧重点不同，应抓住关键。

2. 适应包装内容物对包装材料的形态要求

商品的形态各异，有粉末、液体、黏稠体、固体等，需要采用相应可靠的盛装、密封的方法和容器，于是产生了包、袋、瓶、盒、箱、盘、罐、桶、软管、泡罩等各类包装容器。这些容器的成型方法各不相同，成型工艺对制品材料也有不同的形态要求，因此，选择包装材料时应充分注意材料的形态特性，了解材料加工前后性能的变化，使制成的包装容器能够满足成型工艺和包装流通的要求。

3. 具有良好的安全性能

包装材料本身的毒性要小，以免污染内容物和影响人体健康。包装材料应无腐蚀性，并具有防虫、防蛀、防鼠、抑制微生物等性能，以保护内容物安全。

4. 具有合适的加工性能

包装材料应易于加工，易于制成各种包装容器，并易于实现包装作业的机械化、自动化，以适应大规模工业生产的需要。大多数包装容器的外表需装潢印刷，需要采用多种印刷工艺。这时，包装材料的表面性能和印刷适性尤为重要。不同容器和材料之间印刷适性相差很大。例如，苯胺印刷可广泛应用于薄膜，胶版印刷多用于瓶、罐、软管的外表面，丝网印刷大量用于小批量硬性制品或需要表面浮雕效果的包装物，热烫印工艺可印制金、银色等大面积色彩。

5. 经济可行

包装材料应来源广泛、取材方便、成本低廉，使用完的包装材料和包装容器应易于处理，不污染环境，以免造成公害。选择包装材料还必须兼顾生产企业和消费者的共同利益，使双方都能接受。

二、常见商品包装材料

包装材料种类繁多，目前最常用的有纸、塑料、金属、玻璃、陶瓷、天然材料、纤维制品材料、复合材料以及易降解的新型环保材料等。

1. 纸质包装材料

纸质包装材料作为一种普遍的包装材料，被广泛运用于生产、生活实践中。从工

业设备和家用电器的包装，到手提袋和礼品盒，从一般包装用纸到复合包装用纸，无不显示出纸质包装材料的广泛适用性。常见纸质包装如图 4—1 所示。

图 4—1　常见纸质包装

纸质包装材料加工方便、成本低廉，适合大批量机械化生产，而且成型性和折叠性好，适于精美印刷，并具有可回收再利用、经济环保等优点。

2. 塑料包装材料

塑料是一种以合成树脂为基本成分，加入增塑剂、稳定剂、填料、润滑剂、色料等添加剂，经人工合成的高分子材料。塑料具有良好的防水性、防潮性、耐油性、绝缘性，而且重量轻、可着色、易生产，可塑造多种形状并适应印刷，它的原料来源丰富、成本低廉、性能优良，是近几十年来世界上发展最快的包装材料，是现代销售包装中最重要的包装材料之一。常见塑料包装如图 4—2 所示。

3. 金属包装材料

金属是传统的包装材料之一，广泛应用于各类运输包装和销售包装，在包装材料中占有重要地位。

金属包装材料的性能特点是：力学性能优良、强度高，可制成薄壁、抗压强度高且不易破损的包装容器；加工性能优良，加工工艺成熟，能连续化、自动化生产，具有很好的延展性和强度，可以轧制成各种厚度的板材、箔材；具有极优良的综合防护性能，如较强的阻气性、防潮性、遮光性和保香性；具有特殊的金属光泽，易于印刷

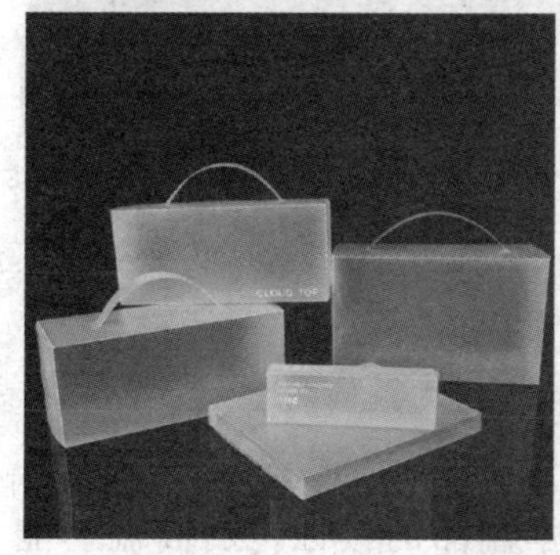
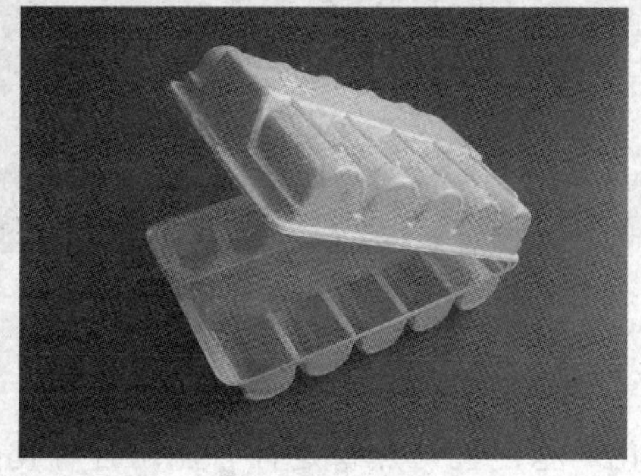

图 4—2　常见塑料包装

装饰，如金属箔和镀金属薄膜都是理想的商标制作材料。

金属包装材料主要分为钢材和铝材两大类，每一类又包含了若干品种，各有其适用范围。常见金属包装如图 4—3 所示。

图 4—3　常见金属包装

4. 玻璃、陶瓷包装材料

（1）玻璃

玻璃的主要原料是石英砂、纯碱和石灰石等。玻璃具有高度的透明性、不渗透性和耐腐蚀性，无毒无味，化学性能稳定，生产成本较低，可制成各种形状、色彩的透明和半透明的容器。另外，在普通玻璃中添加着色剂就形成了有色玻璃，有色玻璃能够吸收太阳可见光，减弱太阳光的强度，为需要避光保存的商品提供了保护。

玻璃的应用较为广泛，可制作油、酒、食品、饮料、果酱、化妆品、调味品、医药产品的包装。常见玻璃包装如图 4—4 所示。

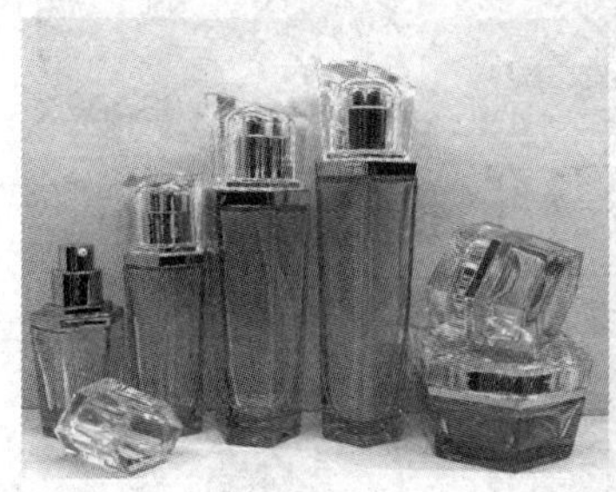

图 4—4　常见玻璃包装

（2）陶瓷

陶瓷具有很好的化学稳定性与热稳定性，能耐各种化学制品的侵蚀，耐高温，能经受冷热快速变化，透气性极低，历经多年不变形、不变质，是理想的食品、化学品包装容器。许多陶瓷包装本身又是精美的工艺品，在传统包装领域有着独特的应用价值。常见陶瓷包装如图 4—5 所示。

图 4—5　常见陶瓷包装

5. 天然包装材料

天然包装材料是指动物的皮、毛或植物的叶、茎、秆、纤维等，可直接使用或经过简单加工制成板、片后，用作包装材料。

（1）竹材

常用于包装材料的竹材有毛竹、水竹、慈竹、麻竹等。竹子质地坚硬、耐冲击、耐腐蚀、抗摩擦、密度小，具有良好的物理性能和力学性能，并且易种植，生长速度快，产量高，绿色环保，主要用于制作板材和各种包装容器，如竹筐、竹箱、竹筒等。常见竹质包装如图 4—6 所示。

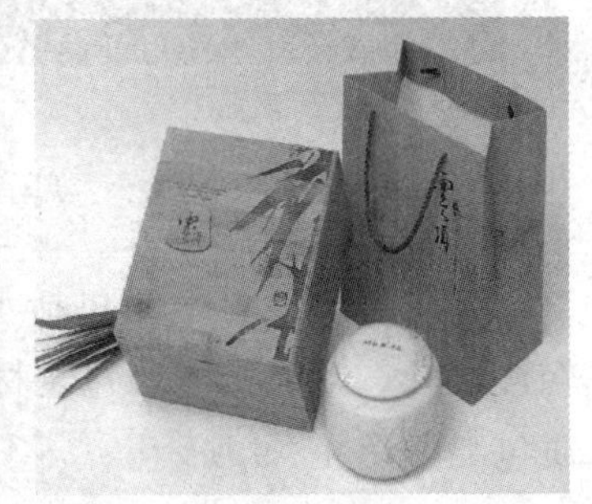

图 4—6　常见竹质包装

（2）木材

木材资源丰富，具有耐冲击、抗震动、易加工、价格便宜等优点，但木材易受温度、湿度的影响而变形、开裂，易腐朽、易燃、易受虫害。不过这些缺点通过适当的处理可以消除或减轻。木材常用作易碎及易受碰撞损坏的商品的运输包装。常见木质包装如图 4—7 所示。

图 4—7　常见木质包装

（3）藤材

藤材类包装材料主要有柳条、桑条、槐条、荆条等野生藤类植物。藤材的弹力较

大，韧性好，拉力强，耐冲击，耐摩擦，耐气候变化，可用于编织各种筐、篓等包装，给人以自然清新之感。常见藤质包装如图 4—8 所示。

图 4—8　常见藤质包装

（4）草

草质包装材料主要包括水草、蒲草、稻草等，常用于编织席、包、袋等。草质量轻且柔软，常充当缓冲包装材料，且价格低廉，是较常见的一次性包装材料。常见草质包装如图 4—9 所示。

图 4—9　常见草质包装

6. 纤维织品包装材料

纤维织品柔软、易于印染，并可反复利用、可再生。但其成本较高，坚固度低，一般适宜作为产品的内包装，起到填充、装饰、防震等作用。纤维织品包装材料又可分为天然纤维、人造纤维和合成纤维等几类。常见纤维织品包装如图 4—10 所示。

7. 复合包装材料

复合包装材料是通过一定的方法和技术手段，将两种或两种以上的材料通过一定的方法加工复合，形成具有综合性质的更完美的包装材料。它具有多种材料的特性，

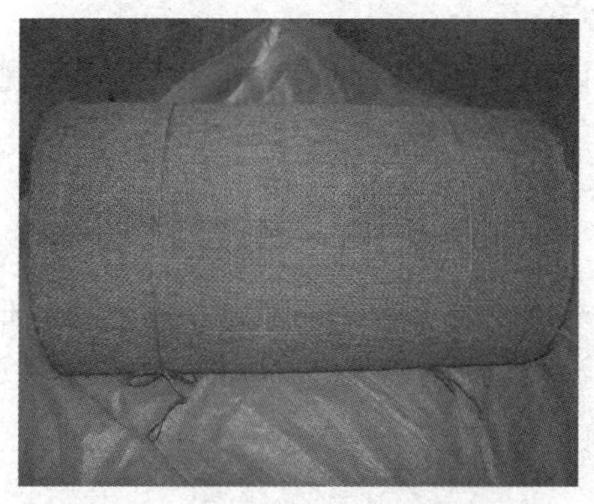

图 4—10　常见纤维织品包装

可弥补单一材料的不足。与传统材料相比，复合包装材料具有节省资源、易于回收、生产成本低、可减轻包装重量等优势，因此越来越受到重视和提倡。常见的复合包装材料有防腐复合材料、耐油复合材料、填充复合材料和防蛀复合材料。常见复合材料包装如图 4—11 所示。

图 4—11　常见复合材料包装

（1）防腐复合材料

防腐复合材料可解决某些非金属制品的防腐问题，通常用多层牛皮纸、蜡或沥青涂料加入防腐剂制成。

（2）耐油复合材料

耐油复合材料由双层复合膜组成，外层是高密度聚乙烯薄膜，里层是半透明的塑料，具有薄而坚固的特点。因其不易渗透血和油脂，常作为食品的包装。

（3）填充复合材料

填充复合材料作为纸和纸板的替代品，可以通过热成型工艺来压制成各种形状的容器，可进行折叠和印刷，防潮性能好，可以热封合，尺寸稳定且易于印刷，具有装饰效果。

（4）防蛀复合材料

在复合材料中加入带有防蛀成分的黏合剂，可使商品长时间不生蛀虫，但要注意有的黏合剂有毒，不能直接使用在食品包装上。

8. 易降解的新型环保包装材料

新型环保材料是为了缓解白色污染而开发出来的复合材料，一般是用树木或其他植物混合而成。它可以生物降解，不易造成环境污染，是今后包装材料的主要发展方向。常见新型环保材料包装如图 4—12 所示。

图 4—12　常见新型环保材料包装

三、常见包装材料的特点和应用

上述几类常见的包装材料特点各异，应用范围也各有侧重，具体见表 4—1。

表 4—1　　常见包装材料的特点和应用

材料种类	优　点	缺　点	应　用
纸	易加工，成本低，适于印刷，重量轻，可折叠，无毒，无味，无污染	耐水性差，在潮湿时强度差	可制成袋、盒、罐、箱等容器，在食品行业被广泛使用
塑料	物理性能和力学性能良好，阻隔性能好，具有优良的耐化学性和良好的加工适应性	强度不如钢铁，耐热性不如金属和玻璃，部分塑料含有害物质，容易带静电，废弃物处理困难	可制成全塑箱、钙塑箱、塑料管、塑料桶、塑料瓶、塑料袋等

续表

材料种类	优　　点	缺　　点	应　　用
金属	（1）阻隔性好，可阻隔气、汽、水、油、光等的透过 （2）力学性能优良，具有良好的抗拉强度、抗压强度、抗弯强度和良好的韧性及硬度 （3）容器成型加工工艺性好，具有优良的塑性变形性能 （4）具有良好的耐高低温性、导热性及热稳定性 （5）表面装饰性好 （6）包装废弃物较易回收处理，回炉再生可节约资源、节省能源	化学稳定性差，不耐酸碱腐蚀，用于包装食品时金属离子易析出，从而影响内装食品风味，价格较贵	可制成钢桶、铁盒、铁罐、金属软管等
玻璃	（1）具有良好的阻隔性能，可以很好地阻止氧气等气体对内容物的影响，同时可以阻止内容物的可挥发性成分向大气中挥发 （2）可以反复多次使用，降低包装成本 （3）能够较容易地改变颜色和透明度 （4）安全卫生，有良好的耐腐蚀能力和耐酸蚀能力，适合用作酸性物质（如果蔬汁饮料等）的包装 （5）适合用自动灌装生产线生产	自重大，易破损，运输费用高，印刷等二次加工性能差	可制成玻璃瓶、玻璃罐等
木材	（1）资源分布广，树木遍布世界各地，数量可观，便于就地取材 （2）具有优良的强度，能承受冲击、振动、重压 （3）加工方便，使用简单工具就可制成包装容器，不需要复杂的机械设备。由于木材的钉着性能好，容器内可安装挂钩、螺钉，以固定物品，而容器外面也便于加固 （4）可多次重复使用，或将其改作他用，既降低成本，也不污染环境	外观较差，易于吸潮，易受害虫蛀蚀，还常有异味	可制成木箱、木桶、木盒等

第二节　塑料包装材料

一、塑料包装材料的优点

塑料包装材料之所以发展迅速，是由于与其他包装材料相比，塑料包装材料有很多优点。

1. 质轻

塑料的相对密度一般为 0.9～2.0 g/cm^3，只有钢的 1/8～1/4，铝的 1/3～2/3，玻璃的 1/3～2/3，按材料单位重量计算的强度比较高。制成同样容积的包装，使用塑料材料将比使用玻璃、金属材料轻得多，在长途运输中可以节省运输费用、增加实际运输能力。

2. 力学性能好

塑料的力学性能如抗拉强度、抗压强度、冲击强度、抗弯强度等，主要取决于高聚物的聚合度、结晶度和内聚力等。聚合度和结晶度越大，高聚物的机械强度就越高；内聚力越大，机械强度也越高。当晶体的晶格与应力方向彻底平行时，按这种取向构造的高聚物具有非常好的机械强度。塑料在成型后要进行拉伸处理，即是为了使它具有一定程度的取向结晶结构。塑料的某些机械强度指标较之金属、玻璃等包装材料要差一些，但较纸质材料要高得多。

3. 阻隔性好

塑料的阻隔性包含气体阻隔性、水蒸气阻隔性和保香性等，应依据不同物品的特点选用不同阻隔程度的包装。例如，易因氧气和水分作用而氧化变质、发霉腐败的食品可以选择用塑料包装材料制成的阻气包装、防潮包装、防水包装、保香包装等。

4. 耐化学性良好

通常塑料对酸、碱等一般化学品均有较好的耐受性。例如：用石棉作填料制成的石棉酚醛塑料容器可盛浓盐酸和磷酸，甚至能盛 160℃的氢氟酸，大大超过玻璃容器的耐酸性；硬质聚氯乙烯塑料容器可盛浓度为 90％的浓硫酸、各种浓度的盐酸和 60～80℃的碱溶液。

5. 加工适应性良好

各种塑料特别是热塑性塑料有良好的加工适应性。例如，很多塑料可塑性较好，具有热成型适应性、机械加工适应性和热封适应性等性能。此外，大多数塑料还具有良好的电绝缘性。

6. 透明性好

许多塑料包装材料具有良好的透明性，制成包装容器后可以清楚地显示内容物，起到良好的展示效果。

7. 卫生性良好

纯的聚合树脂几乎是没有毒性的，可以放心地用于食品包装。但个别树脂的单体（如聚氯乙烯的单体氯乙烯等）如果在用作食品包装容器时含量过高，超过一定浓度，则容易迁移到内装的食品中，若再随食品进入人体，则有一定的危害作用。如果在树脂聚合过程中尽量将单体控制在一定数量之下，则可确保其卫生性。

二、塑料包装材料和塑料包装的分类

1. 塑料包装材料的分类

我国一般根据塑料包装材料的制品形态将其分为塑料薄膜、中空容器（如瓶、罐）、塑料箱（包括食品周转箱）、编织袋、塑料袋（包括胶合带、捆扎绳等）和泡沫塑料六大类。其中，塑料薄膜包括普通薄膜、定向拉伸薄膜、涂布薄膜、复合薄膜等，薄膜可定义为厚度小于 0.25 mm 的软质塑料薄片材。

2. 塑料包装的分类

塑料包装的分类没有统一的规定，归纳起来主要有以下几种：

按耐压程度不同，塑料包装可分为硬质包装、半硬质包装和软质包装。

按包装产品种类不同，塑料包装可分为食品包装、药品包装、纺织品包装、化妆品包装、液体包装、粉粒包装等。

按包装功能不同，塑料包装可分为运输包装、贮藏包装、分散包装、集合包装、保护包装、销售包装等。

按包装工艺方法不同，塑料包装可分为密封包装、非密封包装、充气包装、真空包装、收缩包装、拉伸包装、贴体包装、条形包装等。

按包装形态不同，塑料包装可分为内包装、中包装和外包装。

按包装用途不同，塑料包装可分为通用包装、特殊包装、外销包装、防潮包装、透气包装、防霉包装和防伪包装等。

三、塑料包装材料的成分

塑料以合成的或天然的高分子化合物如合成树脂、天然树脂等为主要成分，并配有一定的助剂如填料、增塑剂、稳定剂、着色剂。塑料的基本成分包括以下几种：

1. 高聚物

人工合成的高分子化合物称为合成树脂，又称高聚物或聚合物。合成树脂是塑料的主要成分，它在塑料中起胶结作用，塑料的性质主要取决于所采用的合成树脂。

2. 增塑剂

为改进塑料成型加工时的流动性和增进塑料制品的柔顺性而加入的物质称为增塑剂，它可以通过降低聚合物分子间的作用力来达到上述目的。增塑剂大多是低挥发性的液体有机物，少数为熔点较低的固体。常用的增塑剂有邻苯二甲酸二辛酯、邻苯二甲酸二丁酯等。塑料中增塑剂的使用比例一般不超过40%。

3. 稳定剂

能防止或抑制塑料老化的物质称为稳定剂，又称防老剂。稳定剂能防止或抑制高分子材料在成型加工或使用中受到热、光、氧、霉菌等因素的影响而发生老化，它分为热稳定剂、光稳定剂（如紫外线吸收剂、光屏蔽剂等）及抗氧剂等。塑料中稳定剂的使用比例一般低于2%，但有时可达5%以上。

4. 填充剂

能改善塑料某些性能的惰性物质称为填充剂，又称填料。填充剂一般都是粉末状的物质，如碳酸钙、硅酸盐、黏土、滑石粉、木粉、金属粉。加入填充剂的目的是改善塑料的成型加工性能，改进和赋予塑料某些物理性能，降低成本。塑料中填充剂的使用比例一般在40%以下。

5. 增强剂

为了提高塑料制品的机械强度而加入的纤维类材料称为增强剂。增强剂实际上也是一种填充剂。常用的增强剂有玻璃纤维、石棉纤维、合成纤维和麻纤维等。

6. 着色剂

能使塑料具有色彩或特殊光学性能的物质称为着色剂。着色剂不仅能使制品鲜艳、美观，而且有时也能改善塑料的耐候性。常用的着色剂是无机颜料、有机颜料和染料。

7. 润滑剂

为改进塑料熔体的流动性及制品表面的光洁度而加入的物质称为润滑剂。常用的润滑剂有脂肪酸类、酯类、脂肪醇类、金属皂类石蜡、低分子量聚乙烯等。润滑剂的用量一般低于1%。

常用的助剂还有抗静电剂、驱避剂、发泡剂等。塑料的性能是由合成树脂和所用助剂的性能决定的。根据实际使用要求，不同的塑料可选用不同的助剂，而同一种树脂加入不同的助剂，可制成性能相差很大的塑料制品。

四、包装常用塑料及其性能

1. 聚乙烯（PE）

（1）性能及用途

聚乙烯是典型的热塑性塑料，为无臭、无味、无毒的可燃性白色粉末。成型用的聚乙烯树脂均为经挤出造粒而成的蜡状颗粒料，外观呈乳白色。高分子量聚乙烯适合做加工结构材料和负荷材料，而低分子量聚乙烯只适合做涂覆剂、上光剂、润滑剂和软化剂等。聚乙烯的电绝缘性能优异，其介电常数和介电损耗几乎与温度、频率无关。其高频绝缘性能很好，适于制造各种高频电缆和海底电缆的绝缘层。

（2）品种

聚乙烯因制造方法不同，最终产品的密度也有一定的差异。聚乙烯的品种很多，主要包括以下几种：

1）低密度聚乙烯（LDPE）。低密度聚乙烯具有良好的化学稳定性，耐酸、碱和盐类水溶液的腐蚀。它的电性能极好，具有电导率低、介电常数低、介电损耗低以及介电强度高等特性。但低密度聚乙烯的耐热性、抗氧化性和抗光老化性较差。为了提高其抗老化性能，通常要在树脂中加入抗氧剂和紫外线吸收剂等。低密度聚乙烯具有良好的柔软性、延伸性和透明性，但机械强度低于高密度聚乙烯和线型低密度聚乙烯。

低密度聚乙烯主要用于制造薄膜。其薄膜制品主要用作农用薄膜及各种食品、纺织品和工业品的包装。低密度聚乙烯电绝缘性能优良，常用作电线电缆的包覆材料。注射成型制品有各种玩具、容器等。低密度聚乙烯与高密度聚乙烯掺混后经注射成型和中空成型可制作管道及容器等。

2）高密度聚乙烯（HDPE）。高密度聚乙烯密度大，使用温度较高。硬度和机械强度较大，耐化学性能好。但是透明性、弹性和加工性能较差，阻气性差，光泽度低，印刷前需作表面处理。

高密度聚乙烯的用途与低密度聚乙烯不同。低密度聚乙烯大多用于制造薄膜，而高密度聚乙烯大多用于制造中空硬制品。高密度聚乙烯具体用途有：用吹塑法制造各种瓶、罐及工业用槽、桶等容器，用注射成型工艺制造各种盆、桶、篮、篓、筐等日用盛器、日用杂品和家具等，用挤出成型工艺制造各种管材、捆扎带和纤维等。此外，

高密度聚乙烯还可用于制造电线电缆的包覆材料和合成纸。

3）中密度聚乙烯（MDPE）。中密度聚乙烯除兼有高、低密度聚乙烯的性能外，还具有优良的耐环境应力开裂性、刚度及耐热性，最适宜用高速吹塑成型工艺制造瓶类、高速自动裹包用薄膜，还适合制造各种注射成型制品和旋转成型制品，如桶、罐等。

4）线型低密度聚乙烯（LLDPE）。线型低密度聚乙烯的物理、力学性能优于普通低密度聚乙烯。在力学性能方面，线型低密度聚乙烯的抗拉强度比普通低密度聚乙烯高 50%～70%，断后伸长率高 50%以上，冲击强度、穿刺强度及耐低温冲击性能均比低密度聚乙烯好。物理性能方面，在相同密度下，线型低密度聚乙烯的熔点更高，使用温度范围更宽，允许使用温度比低密度聚乙烯高 10～15℃。

线型低密度聚乙烯可代替低密度聚乙烯制造薄膜、管材、注射成型制品、中空吹塑容器、旋转成型制品及电线电缆包覆材料等。它特别适宜制作包装薄膜，其厚度可比低密度聚乙烯薄 20%，是一种很有发展前途的塑料包装材料。

5）可发性聚乙烯（EPE）。可发性聚乙烯又称珍珠棉，是一种新型环保的包装材料。它由大量独立气泡构成，克服了普通发泡胶易碎、易变形、形变回复性差的缺点，具有隔水防潮、防震、隔声、保温、可塑性能佳、韧性强、抗撞击性强、可循环再造、环保等诸多优点，也具有很好的耐化学性能，是传统包装材料的理想替代品。

可发性聚乙烯广泛应用于电器、仪器、仪表、计算机、医疗器械、灯饰、玻璃、陶瓷、家具、酒类、礼品的外包装，以及五金制品、玩具、瓜果、皮鞋等的内包装。可发性聚乙烯还被大量用作手袋箱包的弹性衬里，工业生产的隔声、隔热材料，农用保温材料，水产养殖的漂浮设备，体育活动的防护垫，水上作业救生器材，家庭、宾馆的地板装修材料等，用其制造的管材大量用于空调、童车、玩具、家具等行业。

2. 聚丙烯（PP）

聚丙烯是通用塑料中最轻的一种。它具有优良的耐热性，是通用塑料中唯一能在水中煮沸，并能经受 135℃的消毒温度的品种。

聚丙烯的耐低温性能不如聚乙烯，低温甚至室温下的耐冲击性能不佳，低温下易脆裂是聚丙烯的主要缺点。

聚丙烯是一种非极性材料，具有优良的化学稳定性，并且结晶度越高，化学稳定性越好。除硝酸等对其有腐蚀作用外，室温下还没有一种溶剂能使聚丙烯溶解，只是低分子量的脂肪烃、芳香烃和氯化烃对它有软化或溶胀作用。它的吸水性很差，在水中的吸水率还不到 0.01%。

聚丙烯在成型和使用中易受光、热、氧化作用而老化。聚丙烯在空气中放置 12 天就老化变脆，室内放置 4 个月就会变质，通常需添加紫外线吸收剂、抗氧剂、碳黑和氧化锌等来提高聚丙烯制品的耐候性。

聚丙烯的机械强度、刚度和耐环境应力开裂性能都超过高密度聚乙烯，而且有突出的延展性和抗弯曲疲劳性能，用它制成的活动铰链经过 7 000 万次弯曲试验，也无损坏痕迹。

聚丙烯的电绝缘性能优良，特别是高频绝缘性很好，击穿强度也高，加上吸水率低，可作为无线电设备、电视中的耐热绝缘材料，在 120℃的高温下使用。

聚丙烯综合性能优良，可以用注射成型、挤出成型、中空成型工艺制成各种制品。其中以注射成型制品居多，包括日用器具、娱乐和体育用品、玩具、汽车部件（如蓄电池壳体、空调零件、散热器叶片等)、硬包装（如医疗洗涤器、化妆品盒)、机械零件（如洗衣机槽、搅拌器、空气管)。挤出成型制品包括电线、电缆、薄膜、片材、管材等，其中薄膜主要用于包装服装、针织品、食品、香烟等。中空成型制品包括容器、瓶类。聚丙烯纤维可代替棉、麻、丝、毛等天然纤维，主要用于生产某些机织品和针织品，如地毯、沙发布、捆扎材料、绳索和编织袋等。

3. 聚氯乙烯（PVC）

聚氯乙烯是无毒、无臭的白色粉末。它的力学性能取决于聚合物的分子量、增塑剂和填料的含量。聚合物的分子量越大，力学性能、耐寒性、热稳定性就越好，但成型加工比较困难；分子量小则相反。加入增塑剂能提高聚氯乙烯的流动性，降低塑化温度，而且能使其变软。

聚氯乙烯是无定型聚合物，它的玻璃化温度为 80℃左右，在此温度下即开始软化，随着温度的升高，力学性能逐渐丧失。在实际应用中，聚氯乙烯的长期使用温度不宜超过 65℃。聚氯乙烯的耐寒性较差，尽管其脆化温度低于−50℃，但低温下即使软质聚氯乙烯制品也会变硬、变脆。

聚氯乙烯的热稳定性差，受热或受日光照射都会变色，并伴随着力学性能和化学性能的减弱。

聚氯乙烯具有较好的电绝缘性能，其电绝缘性可与硬橡胶媲美。

聚氯乙烯的应用比较广泛。在包装材料方面，它可制造包装薄膜、收缩薄膜、复合薄膜和透明片材，还可制造集装箱、周转箱和包装涂层。

4. 聚苯乙烯（PS）

聚苯乙烯是质硬、质脆、透明、无定型的热塑性塑料。它没有气味，燃烧时冒黑烟。它易于染色和加工，吸湿性差，尺寸稳定性、电绝缘性能和热绝缘性能极好。它可溶解于许多种溶剂中，如苯、甲苯、四氯化碳、氯仿、邻二氯苯等。其透光性仅次于有机玻璃。受光照射或长期存放时会出现混浊和发黄现象。它的毒性极低，属于卫

生、安全的塑料品种。

聚苯乙烯由于具有透明度高、价廉、刚度高、绝缘性好、印刷适性好、成型容易等优点，因此被广泛用于制作食品、药品和日用品等的小型包装容器以及食品包装用薄膜。此外，它还大量用于制造泡沫塑料缓冲材料等，以用作仪器、仪表、电器等的缓冲防震包装等。

5. 聚对苯二甲酸乙二醇酯（PET）

聚对苯二甲酸乙二醇酯是结晶型聚合物，在热塑性塑料中具有最大的强韧性，其薄膜抗拉强度可与铝箔相匹敌，为聚乙烯的 9 倍、聚碳酸酯和尼龙的 3 倍。它能在较宽的温度范围内保持优良的物理性能和力学性能。

聚对苯二甲酸乙二醇酯在较高温度下也能耐氢氟酸、磷酸、乙酸、乙二酸，但盐酸、硫酸、硝酸能使它受到不同程度的破坏，如抗拉强度下降。强碱（尤其是高温下的碱）能使它的表面发生水解，其中氨水的作用最强。

聚对苯二甲酸乙二醇酯主要用于制造包装容器和薄膜，因具有良好的气密性、耐热性和耐寒性，所以以其制作的聚酯薄膜适于制作冷冻食品和蒸煮食品的包装，用其制作的聚酯瓶则大量用于饮料的包装。

6. 聚酰胺（PA）

聚酰胺是乳白色或微黄色不透明粒状或粉状物。聚酰胺类聚合物都具有耐磨、易吸水的共性。聚酰胺具有优良的耐磨性，如果在聚酰胺中添加二硫化钼、石墨等填料或聚四氟乙烯粉末，可进一步提高其耐磨性。

与金属相比，聚酰胺的刚度比较差，表面硬度和抗蠕变性也较差，但它的比强度高于金属，抗压强度与金属相当。它的抗拉强度、抗弯强度和硬度随温度和吸水率的增大而降低，而冲击强度则随温度和吸水率的增大而明显提高。

大多数聚酰胺具有自燃性，少数品种具有可燃性，但对火焰的传播速度很慢。

聚酰胺在室温下耐稀酸、弱碱和大多数盐类，但强酸、较高浓度的酸及强氧化剂会使其明显受到侵蚀，在较高温度下会发生破坏。

聚酰胺的耐溶剂性优良，能耐烃类、油类及一般溶剂，如四氧化碳、乙酸甲酯、苯、四氢呋喃等。它对矿物油、植物油均呈惰性，但水、醇和某些化合物能使聚酰胺溶胀。它在常温下可溶于极性的酚类化合物和氯化钙的甲醇溶液。

各种聚酰胺的导电性能在干态时基本相同，具有较高的电阻值，但随着温度和吸水率的增加，电阻值会明显降低；介电常数与此相反，随吸水率的增加而增大。

聚酰胺主要用作食品的软包装，特别适于制作油腻性食品的包装。用它制造的尼龙容器也常用作化学试剂的包装。

7. 聚偏二氯乙烯（PVDC）

聚偏二氯乙烯是硬、韧、半透明至透明材料，带有不同程度的黄色。与其他种类塑料相比，聚偏二氯乙烯对很多气体和溶液具有很低的透过率，故广泛用作包装材料。

聚偏二氯乙烯在热、紫外线、离子辐射、碱性试剂、催化金属或盐类物质作用下容易分解，分解反应的共同特点是有氯气或氢气释放出来。

聚偏二氯乙烯除作纤维用外，主要用作包装薄膜，此外还可用作防潮的涂料和黏合剂。

8. 聚乙烯醇（PVA）

聚乙烯醇经紫外线照射后发蓝白色荧光。它吸水性大，浸入水中能溶解。它能透过水蒸气，但难透过醇蒸气，更不能透过有机溶剂蒸气、惰性气体和氢气。聚乙烯醇薄膜的阻气性甚至优于聚偏二氯乙烯薄膜。

由于聚乙烯醇在一般气候条件下都会吸湿，故不宜在电绝缘方面应用。

聚乙烯醇具有良好的透明性、防静电性、韧性、印刷适性，还具有极好的阻气性和良好的耐化学性，作为水溶性的包装材料是十分适宜的。

9. 乙烯-醋酸乙烯酯共聚物（EVA）

乙烯-醋酸乙烯酯共聚物是高分子的热塑性聚合物，是典型的无规共聚体，比聚乙烯更富有柔韧性和弹性。它对气体和湿气的渗透性要比低密度聚乙烯高，因此不宜用作高度抗渗透材料。它的耐油性、耐化学药品性比聚乙烯、聚氯乙烯稍差，当乙酸乙烯酯（VA）含量增加时，这一倾向愈加明显。

乙烯-醋酸乙烯酯共聚物常用于制作包装薄膜。因其弹性好，故适宜用作托盘的缠绕裹包。因具有优良的低温热封合性，它常用作复合薄膜的密封层，也用于制作药品和食品的包装容器。

10. 聚碳酸酯（PC）

聚碳酸酯是无色或微黄色透明颗粒，无味、无臭、无毒，可制成透明、半透明、不透明的各种制品。它具有优异的冲击强度和抗蠕变性，抗拉强度和弹性模量也较高，而且能在较宽的温度范围内保持较高的强度，不足之处是它的疲劳强度低，耐磨性差。

聚碳酸酯既有良好的耐寒性，又有良好的耐热性。它对热、氧、大气和紫外线有良好的稳定性。但长期在室外使用或在强光照射下，其表面会变暗，失去光泽，泛黄，甚至产生龟裂。

聚碳酸酯是极性聚合物，它的电性能比非极性的碳氢聚合物稍差，但仍属于电性能优良的塑料品种。

聚碳酸酯的用途十分广泛，主要用作电器的绝缘材料，在包装上主要用作食品的包装。因其有良好的耐磨性，故适宜用作较硬或有尖锐突起物品的包装。

11. 酚醛塑料（PE）

酚醛塑料是一种硬而脆的热固性塑料，俗称电木粉。它机械强度高，坚韧耐磨，尺寸稳定，耐腐蚀，电绝缘性能优异。它适于制作电器、仪表的绝缘构件，可在湿热条件下使用。耐高温，不易变形，耐某些稀酸，耐油性好，弹性较差，脆性大。其制品颜色较暗，多为黑色或棕色，不能得到无色制品。具有微毒，强碱和氧化性酸能使其分解。

酚醛塑料广泛用作电器绝缘材料。它在包装上的应用主要是用来制作瓶盖、箱、盒以及盛装化工产品的耐酸容器。用酚醛塑料制作的瓶盖能承受强大的扭力，并能长期保持密封而不松动。

五、包装用塑料薄膜的选用

包装用塑料薄膜种类众多，许多种塑料薄膜常常是可以互相代替的，但各种塑料薄膜本身的特性又是不容忽视的。所以正确选用塑料包装薄膜并非易事，应注意下面几个问题：

1. 焊缝强度

良好的缝接强度是塑料薄膜可靠保护商品的必要条件。若是缺乏焊缝强度，焊缝将变成塑料薄膜的致命缺点。塑料薄膜的焊接性能通常以焊缝强度标明，其单位为 N/15 mm。焊缝强度越高，表明其焊接性能越好。

2. 阻隔性和透光性

包装用塑料薄膜的阻隔性和透光性也十分重要。塑料薄膜的透光率与雾度是决定内装商品可见性与清晰度的重要指标，与商品的展示效果关系很大。透光率与雾度均以百分率表示。透光率的值越大，表明薄膜的透明度越好；而雾度越大，表明透过薄膜观察物体的清晰度越差。

3. 抗静电能力

塑料薄膜的抗静电能力直接影响其制品的吸尘性。抗静电性好，不易吸尘；抗静电性差，则易于吸尘。吸尘会降低塑料薄膜的透明度、光泽度以及打印图案的清晰度。

4. 价格成本

合理控制塑料薄膜成本可以节省包装费用。要避免盲目追求包装的“高级化”。

5. 环保

在选用包装用塑料薄膜时，还应当十分重视塑料薄膜的回收利用、可降解性等问题，以免污染环境。

第三节　纸质包装材料

一、纸质包装材料的特点

纸质包装材料具有环保、可循环使用、节约成本等特点。随着全球对包装物环保性的要求日益提高，纸质包装材料已成为首选包装材料。

纸作为现代包装材料主要用于制作纸箱、纸盒、纸袋、纸质容器等包装制品，其中以瓦楞纸板和瓦楞纸箱为主。由多种材料复合而成的复合纸、复合纸板、特种加工纸已被广泛应用，并将在食品包装领域部分取代塑料包装材料，以解决塑料包装所造成的环境污染问题。

1. 纸质包装材料的优点

（1）原料来源广，生产成本低

纸质包装材料生产原料来源丰富，适合机械化大规模生产，成本低廉。在消耗较少资源的条件下，可制成效益较优的包装制品。

（2）保护性能优良

纸箱与其他包装容器比较，既具有良好的机械强度，又有较好的缓冲性能，还能够隔热、遮光、防潮、防尘，能很好地保护内装商品。

（3）加工储运方便

纸和纸板易于裁切、折叠、黏合或钉接，形成形状各异与功用不同的纸箱、纸盒、纸袋等包装容器，既适合机械化加工和自动化生产，又可以通过手工制成造型优美的包装。包装前的纸制品可折叠起来储运，既节省空间又降低成本。

（4）适于印刷

纸和纸板表面平整，可以印刷精美图案，有利于促销。尤其在超市货架上，印刷精美的商品更能刺激消费者的购买欲。

（5）安全卫生

纸质包装材料无毒、无味、无污染，安全卫生。在严格工艺技术条件下生产的各种纸质包装材料能够满足不同商品的包装要求，还不会污染包装内的商品。

（6）绿色环保，易于回收处理

纸质包装物可以回收利用，也可以再生造纸，因而纸质包装产生的废弃物非常少，即使丢弃也能在短期内降解，不会污染环境。纸质包装材料是用植物原料生产加工而成，原料可在自然界循环再生，取之不尽，用之不竭。

（7）复合加工性能好

纸和其他材料如塑料、铝箔等进行复合加工后，制成的包装功能更加完善，能广泛应用于强度要求高、防潮防水以及高阻隔性包装领域。

2. 纸质包装材料的性能

（1）印刷适性

纸质包装材料吸收和黏结油墨的能力较强，印刷适性好。纸质包装材料的印刷适性主要取决于其表面平滑度、施胶性能、弹性及黏结力等。

（2）卫生安全性能

在纸的加工过程中，尤其是采用化学法制浆时，通常会残留一定的化学物质（如硫酸盐法制浆过程残留的碱液及盐类），因此必须根据内容物正确、合理地选择各种纸材。

（3）阻隔性能

纸属于多孔性纤维材料，对水分、气体、光线、油脂等具有一定程度的渗透性，且其阻隔性受温度、湿度的影响较大。单一纸类包装材料一般不能用于包装水分、油脂含量较高及对阻隔性要求高的食品，但可以通过适当的表面加工来满足其对阻隔性能的要求。

（4）力学性能

纸质包装材料具有一定的强度、挺度和机械适应性，它的强度大小主要决定于纸的材料、定量、厚度、加工工艺、表面状况及一定的温度、湿度条件等。纸还具有一定的折叠性、弹性及撕裂性等，适合制作成型包装容器或用于裹包物品。

环境温度、湿度对纸质包装材料的强度有很大的影响，温度、湿度的变化会引起纸质包装材料平衡水分的变化，最终使其力学性能发生不同程度的变化。纸质纤维具有较强的吸水性，当湿度增大时，纸的抗拉强度和撕裂强度会下降，从而影响纸质包装材料的使用性能。在测定纸质包装材料的力学性能时必须保持相对恒定的温度、湿度条件。

（5）加工性能

纸质包装材料具有良好的加工性能，可折叠处理，并可采用多种封合方式，容易加工成具有各种性能的包装容器，容易实现机械化加工操作，目前已经有成熟的生产工艺。这些良好的加工性能为设计纸质包装的各种功能性结构（如开窗、提手、间壁及设计展示台等）创造了条件。另外，适当的表面加工处理可以为纸质包装材料提供必要的防潮性、防虫性、阻隔性、热封性、强度等，从而扩大了其使用范围。

二、主要包装用纸

包装纸可分为普通包装纸、专用包装纸、商标包装纸、防油纸、防潮纸等。普通包装纸纸质强韧，作一般包装用，如牛皮纸、鸡皮纸等。各种专用包装纸根据用途命名，其性质也各不相同，如水果包装纸薄而柔软，感光防护纸色黑而不透光，水泥袋纸坚韧而不易破裂。商标包装纸可用于印刷商标等标志，如糖果包装纸。防油纸具有防止油脂渗透的性能，如植物羊皮纸、牛油纸等。防潮纸具有防潮性，如柏油纸、油纸、铝箔纸等。其中，常用的包装用纸有以下几种：

1. 牛皮纸

牛皮纸是坚韧耐水的包装用纸，韧性强且具有防潮性，呈棕黄色或白色。用途非常广泛，常用于制作产品包装袋（如多层牛皮纸袋、阀口袋、牛皮纸编织袋）、信封、作业本、食品袋等。牛皮纸分为卷筒纸和平板纸，又有单面光、双面光和带条纹的区别。它主要的质量要求是柔韧结实，耐破度高，能承受较大拉力和压力不破裂。

牛皮纸通常保持其本色（黄褐色），适合制作袋子和包装纸等。牛皮纸是一种纸的统称，并没有一定的规范，一般根据其性质和用途的不同加以分类。

牛皮纸按颜色的不同可分为原色牛皮纸（本色牛皮纸）、褐色牛皮纸、白牛皮纸、浅黄色牛皮纸、涂布牛皮纸和白面牛皮纸等。

牛皮纸按用途不同可以分为包装牛皮纸、防水牛皮纸、防潮牛皮纸、防锈牛皮纸、打版牛皮纸、热压牛皮纸、绝缘牛皮纸等。

牛皮纸按纸浆不同可以分为再生牛皮纸、牛皮原纸、纯木浆牛皮纸等。

牛皮纸按材质不同可分为牛皮芯纸、牛皮原纸、粗面牛皮纸、木浆牛皮纸、复合牛皮纸等。

牛皮纸的应用范围是非常广的，可以制作天地盒、揭盖盒、书型盒、翻盖盒、折叠盒、火柴盒等。在各种各样的包装用品如纸袋、手提袋、彩盒、食品包装袋上都可以见到牛皮纸。

2. 鸡皮纸

鸡皮纸是一种单面光的平板薄型包装纸。鸡皮纸纸质坚韧，有较高的耐破度、耐折度和耐水性，有良好的光泽，可供包装食品、日用百货等，也可印刷商标。

3. 羊皮纸

羊皮纸是一种透明的高级包装纸，又称硫酸纸，是羊皮原纸经硫酸处理之后所得的一种变性加工纸。它是一种高强度的纸，一般用破布浆或化学木浆制成，制造过程中不加任何填料、胶料，因而吸水性好，组织均匀。由于羊皮纸经过了硫酸处理，所以强度很好，被广泛用于制作机械零件、仪表、化工产品、食品、药品等的内包装。

4. 纸袋纸

纸袋纸（伸性纸）类似于牛皮纸，大多以针叶木硫酸盐纸浆来生产，国内也有掺用部分竹浆、棉秆浆、破布浆生产的，因此纸袋纸机械强度很高，一般用来制作水泥、农药、化肥及其他工业品的包装袋。为适应灌装要求，纸袋纸要有一定的透气性和较大的伸长率。

5. 玻璃纸

玻璃纸是一种以棉浆、木浆等天然纤维为原料，用胶黏法制成的薄膜。它透明、无毒无味。其分子链存在着一种奇妙的微透气性，对商品的保鲜和保存活性十分有利。玻璃纸对油性、碱性和有机溶剂有强劲的阻隔性能，它不产生静电，不自吸灰尘。因用天然纤维制成，玻璃纸能吸水而被分解，不会造成环境污染。玻璃纸广泛用作商品的内衬纸和装饰性包装用纸。它的透明性使人对其内装商品一目了然，它又具有防潮、不透水、不透气、可热封等性能，可对商品起到良好保护作用。与普通塑料膜相比，它有不带静电、防尘、扭结性好等优点。但玻璃纸也有缺点，它的纵向强度大，横向强度小，抗撕裂性较差，稍有裂口一撕就破。玻璃纸还具有亲水性，故能吸收水分，遇水后常发生粘连，遇热后纸页之间易黏结成块。

玻璃纸在包装工业中应用历史长久，范围广泛。它大致分为普通型和防潮型两种。

（1）普通型玻璃纸

普通型玻璃纸的透明度、印刷适性好，不带静电，不易污损，易黏合，但强度、韧性、耐水性与防潮性较差。根据温度和湿度的变化，其尺寸也随之发生变化。它的气体透过率虽小，但在湿度较高的情况下会增大。

（2）防潮型玻璃纸

防潮型玻璃纸是把聚偏二氯乙烯共聚物、聚氯乙烯共聚物等聚合物熔化，再用涂布的方式涂于普通型玻璃纸的一面或两面上制得的。

绝大多数的普通型玻璃纸和防潮型玻璃纸用于制作食品包装，少数用于制作服饰等纤维制品的包装袋、纸盒开窗或包膜，另外还用于制作扭结包装，同铝箔、聚乙烯、纸等进行复合加工制作复合薄膜。

6. 防潮纸

防潮纸是在两层原纸中间涂上沥青而制成的包装纸，主要供包装卷烟防潮用，也可用作水果包装。防潮纸具有一定的防潮能力，其防潮率最小在15%以上。好的防潮纸涂布均匀，黏合牢固，没有纸层脱裂及柏油渗透现象，耐热温度不低于85℃，不应有臭味，以免影响卷烟质量，但目前已不使用这种纸包装卷烟。

三、主要包装用纸板

纸板又称板纸，是用各种纸浆加工成的、纤维相互交织的厚纸页。纸板与纸通常以定量和厚度来区分，一般将定量超过250 g/m^2、厚度大于0.5 mm的称为纸板。包装用纸板主要分为白纸板、箱纸板、瓦楞纸板、黄纸板、牛皮箱纸板等。

1. 白纸板

白纸板是一种具有2～3层结构的白色挂面纸板，纸面平整，白色面层光滑，表面强度高，耐折性好，是一种比较高级的包装用纸板。白纸板主要用作销售包装，其主要用途是经彩色套印后制成纸盒，供食品、药品、日用化学品包装用，起着保护、装潢、美化商品的作用。

2. 箱纸板

箱纸板又名麻纸板，是一种专供制作外包装纸箱用的比较坚固的纸板。它表面平滑，色泽呈淡黄或浅褐，有较高的机械强度、耐折度和耐破度。箱纸板的水分含量应适当控制（通常不超过14%），以避免使商品受潮变质或使纸板起拱分层。普通箱纸板以未漂草浆为原料，高级箱纸板则掺用褐色磨木浆、硫酸盐木浆、棉浆或麻浆等。也可在其表面涂布聚乙烯薄膜，以提高其防潮性能。箱纸板广泛用于包装书籍、日用品、家用电器、机械零件及食品等。

3. 瓦楞纸板

瓦楞纸板又称波纹纸板，由至少一层瓦楞纸和一层箱纸板黏合而成，具有较好的弹性和延伸性。它主要用于制造纸箱、纸箱的夹心以及易碎商品的包装材料。

瓦楞纸板的瓦楞波纹好像一个个连接的拱形门，并列成一排，相互支撑，形成三角结构体。它具有较好的机械强度，在平面上也能承受一定的压力，并富于弹性，缓冲作用好。它可根据需要制成各种形状、大小的衬垫或容器，比塑料缓冲材料要简便、快捷。它受温度影响小，遮光性好，受光照不变质，一般受湿度影响也较小，但不宜在湿度较大的环境中长期使用。

4. 黄纸板

黄纸板又称草纸板、马粪纸，是一种呈粪黄色、用途广泛的纸板。黄纸板定量为120～400 g/m^2，具有一定的强度。它通常使用稻麦草以烧碱或石灰制浆，轻度打浆。生产工艺简单，成本和产品质量不高，主要用于制作低档的中小型纸盒、讲义夹、皮箱衬垫、书籍封面的内衬、五金制品和一些廉价商品的包装。黄纸板用一层印刷精美的标签纸贴面后，也用来包装服装和针织品等。

5. 牛皮箱纸板

牛皮箱纸板也称挂面纸板或牛皮卡纸。具有力学性能好、防潮性能好、外观质量好等特点。牛皮箱纸板是运输包装用的高级纸板。它比一般箱纸板更为坚韧、挺实，有极高的抗压强度、戳穿强度与耐折度，主要用于制造高档商品包装纸箱。

四、纸包装制品

1. 纸箱

纸箱是应用最广泛的纸质包装制品，按用料不同，分为瓦楞纸箱、单层纸板箱等，有各种规格和型号。纸箱常用的有三层、五层，七层使用较少，各层分为里纸、瓦楞纸、芯纸、面纸，里纸和面纸用茶板纸、牛皮纸，芯纸用瓦楞纸。

纸箱通常用作商品的包裹物或商品保护外层使用物。纸箱的体积因商品的大小而改变，纸箱通常有“小心轻放”“怕湿”“向上”“堆码极限”“怕晒”“防潮”“质量安全”“禁止翻滚”“注意防火”“易碎物品”“绿化环境”“怕热”“食品”“防异味”等多种图案或文字提示，提醒使用者注意，以保护内装商品不受损害。

2. 纸盒

纸盒在很大程度上是以其精美造型和装潢来宣传美化商品。由于纸盒的造型和结构往往要根据内装商品的形状特点来确定，故其式样和类型很多，有长方形、正方形、多边形、异形、圆筒形等。但其制造过程基本相同，即选择材料、设计图标、制造模板、冲压、接合成盒。它的原料是纸浆，材料一般采用瓦楞纸，可回收。

3. 纸袋

按照材质不同，纸袋可分为白卡纸纸袋、白板纸纸袋、铜版纸纸袋、牛皮纸纸袋，还有少量是用特种纸制造，如防水纸袋等。

按照袋边、底部及封底方式不同，纸袋可分为开口缝底袋、开口黏合角底袋、阀式缝合袋、阀式扁平六角形端底黏合袋等四种纸袋型式，使用时要根据内容物的不同特点，采用不同的纸袋型式。

按照把手和挖孔方式不同，纸袋可分为 NKK（打孔穿绳）、NAK（无孔有绳，分为无口折型和标准有口折型）、DCK（无绳袋身挖孔把手）、BBK（有舌口不冲孔）几种型式。

按照用途不同，纸袋可分为档案袋、信封、水泥袋、饲料袋、化肥袋、药袋、服装袋、食品袋、购物袋、礼品袋、酒水袋等。

4. 纸质容器

（1）纸杯

纸杯可以作为一次性容器，用于盛装乳制品、果酱、饮料、冰激凌等食品。采用不同的材料和结构可制成热饮杯、冷饮杯和冰激凌杯等。

（2）纸罐

纸罐以纸为主要原料，回收处理容易。它的保护性能优良，可防水、防潮，有一定的隔热效果。无臭、无毒、安全可靠，特别适宜用作食品包装。可充填各种形状的商品，且充填时噪声小。造型结构多样，外层可进行彩印，具有良好的陈列效果。质量轻，只有铁罐的30%，流通容易，使用方便，价格较低。复合纸罐的应用领域十分广泛，常用于盛装粉末状固体食品，如可可粉、茶叶、砂糖、盐、麦片、咖啡及各种固体饮料。

五、纸质包装材料的选用

选用纸质包装材料时应注意：所选材料要符合经济效益和环保要求；要能满足印刷机对承印物的性能要求，并具有良好的印刷适性；材料空白部分和墨层覆盖部分的视觉效果应和包装的内容物相适应；材料的材质要能保护易碎的内容物，结构强度要能承受一定的重量；不能污染内容物。

第四节　木质包装材料

一、木材的工艺性能

1. 握钉力

握钉力又称持钉力、裹钉力，是木材特有的工艺性质，因此常用钉、榫等方法将木材连接成木制品。木材握钉力是因木材纤维被钉子所挤压或切断，使木材对钉子产生压力的结果。

木材纤维的方向对握钉力有重要的作用，与纤维平行方向的握钉力比与纤维垂直方向的握钉力小约25%，弦向（沿年轮方向）和径向（沿树干半径方向或木射线方向）的握钉力则相差不大。此外，握钉力还随树种、容重和含水率而变化。通常阔叶树比针叶树的握钉力大，紧密、干燥和容重较大的木材比松软、潮湿和容重小的木材握钉力大。钉子尺寸、种类也能影响木材的握钉力，如木材对大钉、方钉、螺丝钉的握钉力分别大于小钉、圆钉、普通钉。

2. 抗劈裂性

木材顺纹容易劈裂，这是木材的特性。衡量木材的抗劈裂性，通常是以其顺纹方向的单位长度木材能承受的最大静力劈裂载荷为依据的。

木材的抗劈裂性对握钉力有较大的影响，并给木材砍劈加工带来困难。一般针叶树的抗劈裂性较阔叶树小，针叶树弦向的抗劈裂性比径向的小，阔叶树由于髓线比较发达，因而径向的抗劈裂性比弦向的小，尤其是髓线粗大的木材，这种差别更加明显。

3. 弯曲能力

木材的弯曲能力是制造曲形和弧形木制品的主要依据。木材的弯曲能力主要决定于木材的塑性。阔叶树的环孔材塑性最好，如栎、榆、水曲柳、山毛榉等树种的弯曲能力最强，散孔材次之，针叶树较差，如红松、白松的弯曲能力较差。

在同一树种中，树龄小的弯曲能力比老树要强，有木节、斜纹和腐朽的木材弯曲能力较差。

木材所含水分增多时，纤维变软而易弯，干燥后即硬化定型。也可加高环境温度以增大纤维的塑性，进行弯曲成形，经冷却后硬化定型。

二、我国主要包装用木材的特点

我国地大物博，木材种类及资源含量丰富。我国的树木种类有 7 000 多种，适于制材的树木也有 2 000 种以上，而用于包装的主要有以下几种：

1. 红松木

红松又名海松或红果松，为我国长白山、小兴安岭地区的主要常绿树木，高达 30～40 m，胸径可达 4 m。红松树干纹理通直，年轮窄而明晰。它组织结构较强，木质轻软，易干燥，干缩率小，即使在较高温度（110℃）下干燥时也不易开裂和变形。它强度中等，握钉力适中且不易劈裂，耐腐蚀，容易加工，切削面光滑，易于油饰、胶接，是用途很广的优良木材，一般用于制造包装箱、家具等。

2. 马尾松木

马尾松又名青松或枞杨，是盛产于长江流域、珠江流域等地区的主要常绿乔木，通常高达 30 m，胸径可达 1.5 m。其木材组织结构较粗，材质轻硬，纹理通直或斜面略不均匀。木材具有针状、大而多的树脂道，有显著的松脂气味，抚摸时有油腻感，强度中等，握钉力强，干缩率中或小，干燥时易裂。它不耐腐蚀，易受白蚁侵蚀，在胶接、油饰和防腐处理方面略难于红松。这种木材用途有限，常用于制作包装箱。

3. 白松木

白松通常指冷松、鱼鳞松（云松），主要产于我国东北地区。其木材纹理通直，木质较轻，易于加工，颜色呈淡黄色，边材与心材不明显，树脂含量少，易开裂和腐朽。它强度中等，易干燥，干缩率中或小。它多用于制作良好的造纸材料和包装用的板材。

4. 杉木

杉树为常绿的乔木，主要分布于长江流域南部及华南、西南等地区。它是一种速生树木，一般一年就可以成材。其木材纹理匀直，结构较强，木质较轻软，易干燥，干缩率小，在干燥过程中不易产生缺陷。它强度中等，加工容易，韧性很大，横断面很粗糙，纵剖面易起毛，握钉力弱并易沿木纹劈裂。它油饰性差，漆后光泽不好，但胶接性良好，耐腐蚀性强，有香气，不受白蚁侵蚀，且不易翘曲。它多用于制作小型包装制品。

5. 桦木

桦树为落叶乔木，产区遍于全国，在稍寒地区生长很快，其中以我国东北的白桦

和枫桦产量最大，材质最好，使用最广。其木材材色呈黄褐至浅红褐，有光泽，无特殊气味。桦木纹理通直，结构细致，材质较硬，强度中等，易干燥，不翘裂，干缩率大。但桦木耐腐蚀性差，内部常发生心材腐朽，因此影响其作用。桦木的油饰性能良好，胶接性能中等，易于加工和防腐处理，握钉力强，但易劈裂。它多用作胶合板材料，也可用来制作包装箱。

6. 椴木

椴树遍布全国，是东北地区重要的阔叶树种之一，在华北地区也很普遍。椴木纹理通直，结构颇细，年轮明晰、宽而匀。它材质轻软，强度中或弱。易干燥且不易产生缺陷，干缩率适中。它不耐腐蚀，但防腐处理容易，油饰性适中，胶黏性好，不易干裂，加工容易。多用作中低级胶合板的原料和美术装饰板。

7. 毛白杨木

毛白杨别名大叶杨、白杨、响杨等，主要分布于我国华北、西北和华东等地区。其木材纹理直，结构细，木质轻软，正常时易干燥，不翘曲变形，耐久性好，强度高，油饰性、胶黏性均良好，握钉力弱，但不易劈裂。它在工业上用途很广，是造纸、纤维胶合板的优良原料，还可以制作包装箱、容器及其他小的制品。

8. 樟子松木

樟子松为松科大乔木，树干高达 25 m，胸径达 80 cm，在我国主要产于黑龙江大、小兴安岭海拔 400～900 m 的山地及海拉尔以西、以南一带的沙丘地区。其木材硬度、密度适中，纹理细直，木纹清晰，变形系数较小，易干燥，握钉力中等，机械加工、防腐处理的性能较好，是我国防腐木材主选原材料，一般最长的材料规格为 6 m。

三、木质包装箱的用材选择

木质包装箱作为一种常用的运输包装容器，具有很多优点，如外观漂亮、坚固、结实耐用、内销出口都可用、取材方便、容易制作、重量轻、强度高、耐久性好、防潮、有一定的弹性、价格比较便宜等，因而在很多领域被广泛使用。木质包装箱适用于物流、机械、电子、陶瓷、建材、五金、电器、精密仪器仪表等行业产品以及易损物品、超大尺寸物品的运输和外包装，尤其是大中型机械产品的包装。

木材的密度、硬度和握钉力等性能是其作为包装用材等级的依据，所以，不同内容物对包装箱的木材有不同的要求。

1. 茶叶包装箱

茶叶易吸味，因此，最忌包装材料有异味。目前公认枫香树属的树种最适于制作茶叶的包装材料，其次有枫杨、刺桐、蓝果树、黄梁木、橄榄树、木棉、桦树、泡桐、柳树、杨树、金钱松等。应该注意茶叶包装箱忌用杉木，因为杉木香气会污染茶叶。

2. 食品包装箱

对于食糖、面粉、蔬菜、水果、鱼类、蛋类、油脂、奶油、乳酪和蜂蜜等商品，其包装箱用材同茶叶包装箱用材要求相近，出口包装箱还要求木材无味、色浅等。其树种同茶叶包装箱用材的树种相近，此外还有油桐、七叶树、珙桐、喜树、悬铃木、冷杉、鸡毛松等。应该注意，食品包装箱忌用椴木。

3. 机电产品等重型物品包装箱

机电产品等重型物品包装箱用材主要考虑木材强度。适用的阔叶树树种有龙脑香、白蜡、水青冈、枫香等，针叶树树种有松树和柏树等。

4. 军工包装箱

军工包装箱的主要要求是：容易钉钉，不易裂，无腐朽，握钉力和冲击、抗弯、抗压强度适宜。其木材首选红松、红杉、鸡毛松、冷杉、云杉、柏树、杨树、柳树、椴树、栗树等树种，其次是落叶松和铁杉等树种，再次为桦树、水青冈和山核桃等树种。其中，目前大力提倡使用的是红松和红杉。

5. 一般包装箱

一般包装箱用材的树种较多，但以中等硬度以下、容易钉钉者为佳，除上述各类树种外，还有山黄麻、樟树、连香树、马尾树、软合欢、梧桐、臭椿、八宝树、八角枫、刺槐、橡胶树、血桐、黄桐、山桐子、山牡莉等。

四、人造板材

人造板材是将木材在加工过程中产生的边角废料加入化工黏合剂制作成的板材，是节约和综合利用木材的重要途径。人造板材种类很多，常用的有刨花板、纤维板、细木工板（大芯板）、胶合板，以及防火板等装饰型人造板。它们有各自不同的特点，被应用于不同的家具制造领域。包装材料中常见的人造板材有胶合板、纤维板、刨花板等。

1. 胶合板

胶合板是由木段旋切成单板或由木方刨切成薄木，再用黏合剂黏合而成的三层或多层的板状材料，通常用奇数层单板，并使相邻层单板的纤维方向互相垂直。由于其结构的合理性和生产过程中的精细加工，胶合板可大体上克服木材的缺陷，大大改善和提高木材的物理和力学性能。胶合板各层按木纹方向相互垂直，使各层的收缩性与强度可以相互弥补，避免了木材顺纹和横纹方向的差异带来的影响，使胶合板不会产生翘曲与开裂。

包装轻工、化工类商品的胶合板多用酚醛树脂或脲醛树脂作黏合剂，具有耐久、耐热和抗菌等性能。包装食品的胶合板多用谷胶和血胶作黏合剂，具有无臭无味等特性。

2. 纤维板

纤维板又名密度板，是以木质纤维或其他植物纤维为原料，施加脲醛树脂或其他适用的黏合剂制成的人造板，制造过程中可以施加黏合剂和（或）添加剂。

纤维板的原料有木质和非木质之分，前者是指木材加工的下脚料与森林采伐的剩余物，后者是指蔗渣、竹、稻草、麦秆等。这些原料经过制浆、成型、热压等工序就可制成纤维板。

纤维板板面宽平，不易开裂、腐朽和受虫蛀，有一定的抗压强度、抗弯强度和耐水性能，但冲击强度不如木板和胶合板。硬质纤维板适于制作包装木箱挡板和纤维板桶等，软质纤维板一般做包装防震衬板等用。

3. 刨花板

刨花板又叫碎料板、蔗渣板，是由木材或其他木质纤维素材料制成的碎料经施加黏合剂后，在热力和压力作用下胶合而成的人造板，主要用于家具制造、建筑工业及火车、汽车车厢制造。

刨花板结构比较均匀，加工性能好，可以根据需要加工成大幅面的板材，是较好的制作不同规格、样式的家具原材料。刨花板制成品不需要再次干燥，可以直接使用，其吸声和隔声性能也很好。但它也有固有的缺点，就是边缘粗糙，容易吸湿，所以对用刨花板制作的家具而言，封边工艺就显得特别重要。另外，由于刨花板密度较大，用它制作的家具相对于其他板材来说也比较重，一般可以用于制作小型包装容器，也可以用于制作大型包装容器的非受力壁板。

五、包装用竹制品

竹子的种类很多，为亚洲的特产。我国有 200 种左右，产量极大。竹子主要生长在我国南方各地，年产量在20亿根以上。能代替木材制作包装用制品的竹子主要有毛竹、苦竹、淡竹三种。

竹子生长快，竹材质轻，强度高，弹性好，不易骤然折断，比木材价廉，但竹材易于吸湿和失水，造成体积不稳定而开裂，且易被虫菌蛀蚀，因而竹材只能代替木材的部分用途。

竹编胶合板在我国很多地方已被逐步采用，制成各类大、中、小型包装箱，作为机械设备包装和出口机电产品包装。这样能代替大量木材，又能节约资金，成本比木制包装降低一半左右。

竹子除了制成竹胶板代替木材以制成包装箱外，还可编成竹筐来包装果蔬产品及一般小型机电产品。我国竹子的年产量极大，所以应大力发展竹质包装来代替木质包装。

六、木质包装材料的选用

木材作为包装材料有很多的优点，同时也有很多缺陷，其中较普遍的缺陷是：有木节、斜纹和裂缝，还有夹皮、虫眼等。所以在选用木材作为包装材料时应注意以下几点：

为了使包装更结实牢固，木材本身不能有木节、钝棱、腐朽、裂纹、弯曲和虫眼等缺陷，有虫眼的必须进行药物熏蒸处理。

木材的抗劈力和握钉力要较好。

木材的含水率要符合要求，原则上应在20%以下。

木材不但性能要适宜，还要货源充足，价格便宜，容易加工，不需要特别处理。

第五节　金属包装材料

一、金属包装材料的特点

金属包装材料以金属薄板或箔材为主要原材料，经加工制成各种形式的容器来包装食品。它的应用有近200年的历史，是现代食品包装的四大包装材料之一。

1. 金属包装材料的优点

(1) 阻隔性能好

金属材料可阻隔气、汽、水、油、光等的透过，用于制作食品包装时具有极好的保护功能。

（2）力学性能优良

金属材料具有良好的抗拉强度、抗压强度、抗弯强度、韧性及硬度，用作食品包装时可耐压、耐温度湿度变化和耐虫害，使包装的食品便于运输和储存，使商品的销售半径大为增加。金属材料还适宜进行包装的机械化、自动化操作，密封可靠，效率高。

（3）容器成型加工工艺性好

金属具有优良的塑性变形性能，易于制成食品包装所需要的各种形状的容器。现代金属容器加工技术与设备成熟，生产效率高，可以满足食品大规模自动化生产的需要。例如，马口铁三片罐生产线生产速度可达每分钟 1 200 罐，铝质二片罐生产线生产速度可达每分钟 3 600 罐。

（4）耐高温性、耐低温性、导热性及热稳定性良好

金属材料的这一特性使其用作食品包装时可以适应食品冷热加工、高温灭菌、灭菌后的快速冷却等加工需要。

（5）表面装饰性好

金属具有光泽，并可通过表面彩印装饰形成更理想、美观的外观。

（6）包装废弃物较易回收处理

金属包装废弃物易回收处理，减少了对环境的污染。同时，它的回炉再生可以节约资源、节省能源，这在提倡“绿色包装”的今天显得尤为重要。

2. 金属包装材料的缺点

金属作为包装材料的缺点主要是化学稳定性差、不耐酸碱腐蚀，特别是用其包装强酸性物质时易被腐蚀，同时金属离子易析出从而影响内装食品的风味，这在一定程度上限制了它的使用范围。为弥补这个缺点，一般需在金属包装容器内壁施涂涂料。它的另一个缺点是价格较贵，但这会随着生产技术的进步和规模化生产而得以改善。

二、金属包装材料的分类

金属包装材料主要分为钢材和铝材两大类，而每一类又包含若干品种，各有自己的适用范围。

1. 钢材

与其他金属包装材料相比，钢材来源较丰富，能耗和成本也较低，至今仍是金属包装材料的主流。包装用钢材主要是低碳薄钢板。低碳薄钢板具有良好的塑性和延展性，制桶、制罐工艺性好，有优良的综合防护性能。钢质包装材料最大的缺点是耐蚀

性差，易锈，必须采用表面镀层和涂料等方式才能使用。

按照表面镀层成分和用途的不同，包装用钢材主要分为冷（热）轧低碳薄钢板、镀锌薄钢板（又称白铁皮）、镀锡薄钢板（又称马口铁）和镀铬薄钢板（又称无锡钢板）。冷（热）轧低碳薄钢板主要用于制造大中型运输包装容器（如集装箱、钢桶、钢箱等）以及捆扎材料；镀锌薄钢板是制桶（罐）的材料之一，主要用于制造工业产品包装容器；镀锡薄钢板是制造桶（罐）的主要材料，大量用于罐头工业，也可以用来制造其他食品和非食品的桶（罐）容器；镀铬薄钢板是制造桶（罐）的主要材料之一，可部分代替马口铁，主要用于制造食品包装容器（如饮料罐等）。

2. 铝材

铝质包装材料的使用历史较短，但由于铝具有某些比钢更优异的性能，而且铝资源丰富，铝的提炼方法也有了很大的改进，所以铝质包装材料近年发展很快，在某些方面已取代了钢质包装材料。

铝材的主要特点是重量轻，无毒无味，可塑性好，延展性、冲拔性优良，在大气和水汽中化学性质稳定，不生锈，表面洁净有光泽。它的不足之处是在酸、碱、盐介质中不耐蚀，故表面也须施以涂料或镀层才能用作食品容器。它的强度比钢低，成本比钢高，所以铝材主要用于销售包装，而很少用在运输包装上。包装用铝材有以下几种形式：

（1）铝板

铝板为纯铝或铝合金薄板，是制罐材料之一，可代替部分马口铁，主要用于制作饮料罐。

（2）铝箔

铝箔是采用纯度在99.5%以上的电解铝板，经过压延制成，厚度在0.2 mm以下。一般包装使用的铝箔都是和其他材料复合使用，作为阻隔层，提高阻隔性能。

（3）镀铝薄膜

镀铝薄膜是以塑料或纸张等为底材，在其上镀上极薄的铝层而制成，可成为铝箔的代用品而被广泛地使用。因为是在塑料薄膜或纸上镀上极薄的铝层，所以其阻隔性能比铝箔略差，但抗穿刺性优良，在实用性能方面超过了铝箔。这种镀铝薄膜材料常用于制作衬袋。

三、金属包装材料制品

金属包装是我国包装工业的重要组成部分，其产值约占我国包装工业总产值的10%，主要为食品、罐头、饮料、油脂、化工、医药、文化用品及化妆品等行业提供包装服务。金属包装产品丰富，应用领域十分广阔，发展空间巨大。

1. 金属罐

金属罐就是通常说的易拉罐，是用金属薄板制成的容量较小的容器（有密封和不密封两类）。制造易拉罐的材料有铝材和马口铁两种。因为铝材具有较高的回收再使用价值，出于对环境保护的考虑，易拉罐已大量使用铝材。

金属罐可分为食品罐和非食品罐。由于金属罐的密闭性非常好，能抗较高的内压，所以非常适合用于盛装碳酸饮料这种仅对压力、空气和耐酸性有少许要求的饮品。非食品罐的主要特点是可以多次开启，它大致有两类：一类是美术罐，十分注重装饰装潢，讲究艺术造型和图案设计，主要用于包装日用品和化妆品；另一类是运输罐，注重实用，罐盖能重复开启，盖好后要求密封，以便于运输，它有一定的强度，而装潢不必过于讲究，主要用于非食用的液态物品，如油漆等一些化工品的小包装。

2. 金属喷雾罐

金属喷雾罐是喷雾包装的一种。喷雾包装是一种整体的、装有阀门的包装，当按动阀门开关或挤压软质容器壁时，就可以喷射出雾状液体，如杀虫剂、香水、发胶、清洁剂等。喷雾包装属于压力容器包装，目前有利用推进剂喷雾和利用机械泵喷雾两种方式。使用时可迫使内容物按需要形态如雾、射流、粉末、泡沫等形式释放。喷雾包装具有许多其他形式包装无法替代的优点，如自备能量、使用快捷方便、对内容物有良好的保护性，因而被广泛应用于医药卫生用品、化妆品、家用清洁保养用品等产品和交通、建筑、电子工业等领域。当然它也有一些缺点，如成本较高，容器不透明，使用人看不到内容物容量，有微泄漏，有些按钮使用不顺手等。但作为一种方便、安全的包装形式，其发展前景极其广阔。

金属喷雾罐主要用马口铁、无锡钢板、不锈铁板及铝等材料制成，主要分为三片罐、两片罐和整体罐。三片罐是由罐身、罐盖和罐底三部分结合而成的容器，这种容器几乎都是把板卷成圆筒状，用焊接的方式加以结合，所以也叫侧缝罐。两片罐是由上盖和带下盖的杯形桶两部分结合而成的容器。整体罐是上盖、下盖、筒体为一体的容器。

3. 金属桶

金属桶是用金属板制成的容量较大的容器。一般容量有 35 L、45 L、50 L、63 L、80 L、100 L、200 L、208 L 等，规格分小开口桶、中开口桶、全开口桶、直开口桶、全开口锥形钢桶、开口缩颈钢桶等。所用金属材料一般为热轧薄钢板、冷轧薄钢板、冷轧镀锌薄钢板、铝板等。它广泛用作化工、石油、冶金矿产、医药、食品、染料等行业产品的包装，特别适宜用作多种危险品的包装。

4. 金属软管

金属软管是用金属制成的圆柱形包装容器。它一端折合压封或焊封，另一端形成管肩和管嘴。挤压管壁时，内容物由管嘴挤出。

由于金属软管可以挤压变形，在使用过程中空气不易进入，不会发生污染和氧化变质等问题，并且取用内容物只需挤压，非常方便，又宜于装潢印刷，所以广泛用作膏状化妆品或药品等的包装。金属软管主要分为铅锡管、纯锡管、铝管和铝塑复合软管，主要用于灌装牙膏、药膏、膏霜类化妆品、鞋油、黏合剂等。

5. 铝箔器皿

铝箔器皿具有以下几个优点：质轻、美观；传热性好，既可高温加热又能低温冷冻，能承受温度的急剧变化；隔绝性好，对光、水、气体、化学及生物污染有完全的隔绝作用。因此，使用铝箔器皿来包装食品的越来越多。例如，有的食品厂用铝箔器皿盛装配好的食品，放入冷库储存，再运送到各个用餐单位，可随时加热食用。这样既可减少烹调时间和用餐时间，又简便、卫生。

四、金属包装材料的选用

金属包装材料的化学稳定性较差，尤其是钢质材料容易锈蚀，一般应涂覆防锈物质。它的耐酸碱能力较弱，包装酸性物质（尤其是食品）时，金属离子会析出，从而影响内容物质量，一般均需要有内涂层隔离保护。选用金属包装材料时应充分考虑内容物的化学性质，选择合适的包装材料。同时，金属包装材料比其他包装材料价格偏高，综合包装成本也较高，因此在考虑总体性能的同时也应综合考虑经济成本。

第六节　玻璃包装材料

一、玻璃包装材料的特点

玻璃是一种透明、不透气，并具一定硬度的材料。玻璃在日常环境中呈化学惰性，一般不溶于酸，但轻微溶于强碱，如氢氧化铯。

玻璃包装材料具有以下几个特点：

晶莹透明，从外面可以清晰地看到里面包装的商品，从而起到展示商品的作用。

化学稳定性好，有很好的耐腐蚀性和耐酸性，适于包装食品、饮料、腐蚀性商品、化学试剂、药品等，不致由于包装物的原因使商品变质。

造型易于变化，颜色也可各异，起着装饰或避光作用。同时，玻璃容器外表面可用丝网印刷、喷涂色膜等工艺加工成美观的外表。

有的玻璃容器可以回收复用，如啤酒瓶、汽水瓶等。

硬度高，对内容物有很好的保护作用。

耐热性好，不会因高温而释放有毒气体。

玻璃的缺点主要是质地比较脆，冲击强度不高，在表面受到冲击等情况下容易破裂。

二、玻璃包装材料的主要性能

1. 黏度

黏度是玻璃最主要的物理性质之一，它是指液体或熔体内部的分子在移动时相互之间的内摩擦力。内摩擦力越大，则分子移动越困难，也就是黏度越大。玻璃的黏度和温度有着密切的关系，温度升高时，黏度随之下降，但是这种变化没有一定的比例关系。

2. 析晶性能

玻璃是一种非晶态物质，但在一定的条件下，玻璃具有向晶态转化的倾向，这种出现晶体的现象即析晶。在玻璃生产中一般要避免玻璃析晶，因为析晶会造成玻璃外观上的缺陷，使玻璃失去其原有的性质，不能加工成型。析晶是玻璃的缺陷。

3. 光学性能

玻璃对辐射的透射率取决于玻璃中的杂质含量。不含氧化铁的透明玻璃大约能透过90%以上的可见辐射，仅有小部分辐射被玻璃真正吸收。

4. 密度

玻璃的密度主要取决于玻璃的化学组成，氧化物的分子量越大、含量越高时，玻璃的密度也越大。例如，石英玻璃由二氧化硅组成，它的密度约为2.2 g/cm^3，而含大量氧化铅的玻璃密度可达6.5 g/cm^3。

5. 热膨胀性能

玻璃的热膨胀性能取决于玻璃的化学组成，增加二氧化硅、氧化硼、氧化铝的含量，就能降低其热膨胀系数。

6. 导电性能

在常温下玻璃是绝缘体。但是随着温度的上升，玻璃的导电性能迅速提高，到了熔融状态，玻璃就变成了良导体。利用玻璃在常温下的低电导率可制造照明灯泡、电真空器件等。

7. 强度

玻璃的强度一般用抗压强度、抗折强度、抗拉强度、冲击强度等来表示。玻璃之所以得到广泛应用，原因之一就是它的抗压强度很高，硬度也高。然而，由于它的抗折强度和抗拉强度不高，并且脆性较大，所以在应用上受到了一定的限制。

8. 化学稳定性

玻璃表面抵抗周围介质如水、酸、碱、盐、气体以及大气污染等化学侵蚀作用的能力称为玻璃的化学稳定性。玻璃具有良好的化学稳定性，通常情况下，与酸、碱、盐类化学试剂和气体不易发生反应，可以制成对卫生要求较高的容器，如药瓶、酒瓶等。

三、玻璃包装材料的类型

1. 按照玻璃的成分分类

通常根据玻璃形成体氧化物的种类把玻璃分为硅酸盐玻璃、硼酸盐玻璃、磷酸盐玻璃和铝酸盐玻璃等。其中，硅酸盐玻璃又包括钠钙玻璃等。玻璃包装材料中最常见的品种是钠钙玻璃，其次是硼硅酸盐玻璃。

（1）钠钙玻璃

钠钙玻璃是钠钙硅酸盐玻璃的简称，是用途最广、用量最多的玻璃品种。钠钙玻璃容易熔制和加工，价格便宜，一般对耐热性、化学稳定性没有特殊要求时都使用这种玻璃，可制成普通瓶罐玻璃、器皿玻璃、平板窗玻璃、照明玻璃等。

（2）硼硅酸盐玻璃

硼硅酸盐玻璃一般称为硬质玻璃。这种玻璃化学稳定性好，热膨胀系数低，制造成本也较低，能耐大多数化学品的腐蚀，特别适于制作易被污染的中性、酸性和碱性药液的包装，如注射液、盐水等，也适于制作高级化妆品的包装。硼硅酸盐玻璃的耐热性和耐冲击性都很好，常用于玻璃仪器、医用器皿、烤箱容器的制造。

2. 按照玻璃的用途分类

按照用途不同，可以把玻璃分为容器玻璃、平板玻璃、电真空玻璃等，见表 4—2。

表 4—2　按照用途划分的玻璃类型

玻璃类型	说　明
瓶罐玻璃、器皿玻璃和容器玻璃	具有一定的化学稳定性，价格便宜，便于回收再利用
平板玻璃	用于制造普通平板玻璃、磨砂玻璃、磨光玻璃、双层玻璃、玻璃镜子等
电真空玻璃	用于制造各种灯泡的泡壳、显像管、整流管、超短波管等
医药玻璃	用于制造玻璃仪器、温度计、体温计、燃烧管、玻璃管、玻璃电极等
装饰玻璃	包括晶质玻璃、刻花玻璃等，用于制造玻璃珍珠、光珠、仿造宝石等
建筑用玻璃	制品有玻璃砖、玻璃饰面砖、铺路玻璃、琉璃瓦、门手柄等
光学玻璃	制品有镜头、三棱镜、反射镜、眼镜片、保护镜、鉴别紫外线用玻璃等
纤维玻璃	制品有玻璃纤维、玻璃丝、玻璃布、玻璃毡、玻璃棉等

四、玻璃包装容器的类型

玻璃包装容器多为玻璃瓶，其种类较多，大致可分为以下几种：

1. 按瓶口大小分类

（1）小口瓶

小口瓶是瓶口内径小于 20 mm 的玻璃瓶，多用于包装液体物品，如汽水、啤酒等。

（2）大口瓶

大口瓶是瓶口内径为 20～30 mm 的玻璃瓶，形体较粗矮，如牛奶瓶。

（3）广口瓶

广口瓶又称罐头瓶，它的瓶口内径大于 30 mm，颈部和肩部较短，瓶肩较平，多呈罐状或杯状。由于瓶口大，装料和出料均较易，多用于包装罐头食品及黏稠物品。

2. 按几何形状分类

（1）圆形瓶

圆形瓶瓶身截面为圆形，是使用最广泛的瓶型，强度高。

（2）方形瓶

方形瓶瓶身截面为方形，这种瓶强度较圆形瓶低，且制造较难，故使用较少。

（3）曲线形瓶

曲线形瓶截面虽为圆形，但在高度方向却为曲线，有内凹和外凸两种，如花瓶式、葫芦式等。

（4）椭圆形瓶

椭圆形瓶截面为椭圆，虽容量较小，但形状独特。

3. 按用途分类

（1）酒类用瓶

酒类物品几乎全用玻璃瓶包装，以圆形瓶为主。

（2）日用包装玻璃瓶

日用包装玻璃瓶通常用于包装各种日用小商品，如化妆品、墨水、胶水等，其瓶形及封口多样。

（3）罐头瓶

罐头食品种类多、产量大，故罐头瓶自成一体。它多用广口瓶，容量一般为0.2～0.5 L。

（4）医药用瓶

医药用瓶是用来包装药品的玻璃瓶，有容量为10～200 mL的棕色罗口小口瓶、100～1 000 mL的输液瓶、完全密封的安瓿瓶等。

（5）化学试剂用瓶

化学试剂用瓶用于包装各种化学试剂，容量一般为250～1 200 mL，瓶口多为螺口或磨口。

4. 按色泽分类

玻璃瓶按色泽的不同可分为无色透明瓶、白色瓶、棕色瓶、绿色瓶和蓝色瓶等。

5. 按瓶颈形状分类

玻璃瓶按瓶颈形状不同可分为有颈瓶、无颈瓶、长颈瓶、粗颈瓶和细颈瓶等。

五、玻璃包装材料的选用

选用玻璃包装材料时，应主要考虑内容物的性质、取物的方便性、玻璃包装需要的强度，以及玻璃包装的成型工艺难度、方便实用性、美观性和制造成本等因素。

例如：饮料瓶需要缩小内装饮料与空气的接触面积，宜选用瓶身直径大、瓶口小的玻璃瓶；牛奶瓶、酸奶瓶需要方便饮用，宜选用大口瓶；果酱、水果和蔬菜罐头需

要方便取出内容物，宜选用广口瓶；易挥发性物品如化学品、试剂、药品等的包装要有很好的密封性，宜选用磨口瓶。

第七节　包装辅助材料

一、黏合剂

1. 黏合剂概述

黏合剂是包装材料最重要的辅助材料之一，在包装作业中应用极为广泛。黏合剂是具有黏性的物质，主要是通过表面吸收水分来完成干固或黏结的，黏结时间为几秒钟至一分钟左右。这种黏合剂一般用于瓦楞纸板的生产，能立即产生坚固的黏结效果。

在包装行业中，黏合剂是一种应用非常广泛的材料，使用范围涵盖了造纸、瓦楞加工、纸或纸板层黏合、贴面、覆膜及黏结成型等多个工艺流程。因此对包装行业来说，黏合剂的重要性是不言而喻的。

2. 黏合剂的种类

（1）按材料来源分类

1）天然黏合剂。天然黏合剂取自于自然界中的物质，包括淀粉、蛋白质、糊精、明胶、虫胶、皮胶、松香等生物黏合剂，也包括沥青等矿物黏合剂。

2）合成黏合剂。合成黏合剂主要指人工合成的物质，包括水玻璃等无机黏合剂，以及合成树脂、合成橡胶等有机黏合剂。

（2）按使用特性分类

1）水溶型黏合剂。水溶型黏合剂是指用水作溶剂的黏合剂，主要有淀粉、糊精、聚乙烯醇黏合剂、羧甲基纤维素黏合剂等。

2）热熔型黏合剂。热熔型黏合剂通过加热使黏合剂熔化后使用，是一种固体黏合剂。一般热塑性树脂均可用于制作热熔型黏合剂，如聚氨酯、聚苯乙烯、聚丙烯酸酯、乙烯-醋酸乙烯酯共聚物等。在众多黏合剂中，热熔胶的干燥时间最短，需瞬间干燥固化的黏合成型工艺宜使用热熔胶。热熔胶非常适合用于塑料泡沫或EPE材料与纸之间的黏合工艺，它不仅干燥迅速，而且黏合非常牢固。需要注意的是，热熔胶虽是使用范围最广泛的黏合剂，但不适用于过UV光油的纸制品黏合。

3）溶剂型黏合剂。溶剂型黏合剂是不溶于水而溶于某种溶剂的黏合剂，如虫胶、丁基橡胶黏合剂等。

4）乳液型黏合剂。乳液型黏合剂多在水中呈悬浮状，如乙酸乙烯树脂黏合剂、丙烯酸树脂黏合剂、氯化橡胶黏合剂等。

5）无溶剂液体黏合剂。无溶剂液体黏合剂在常温下呈黏稠液体状，如环氧树脂黏合剂等。

黏合剂是标签材料和黏结基材之间的媒介，按其特性可以分为永久性黏合剂和可移除性黏合剂两种。它有多种配方，适合不同的基材和不同的场合。黏合剂是不干胶材料技术中最重要的部分，是标签应用技术的关键。

（3）按原材料分类

按原材料不同，黏合剂可分为MS改性硅烷黏合剂、聚氨酯黏合剂和硅酮黏合剂。

（4）按包装材料分类

1）纸基材料黏合剂。纸基材料黏合剂主要包括天然的淀粉、糊精、酪蛋白和化学合成的各种水性胶乳等。它广泛应用于烟盒、纸袋、礼品盒、精装盒和各类手工盒等。

2）塑料黏合剂。塑料黏合剂主要包括丁苯橡胶黏合剂、聚氨酯黏合剂、硝酸纤维素黏合剂、聚醋酸乙烯黏合剂等溶剂型黏合剂，乙烯-醋酸乙烯酯共聚物黏合剂、乙烯-丙烯酸酯共聚物黏合剂等水溶型黏合剂，乙酸乙烯树脂黏合剂、丙烯酸树脂黏合剂等乳液型黏合剂，聚苯乙烯黏合剂、聚氨酯黏合剂、聚丙烯酸酯黏合剂等热熔型黏合剂等。

3）木材黏合剂。木材黏合剂主要包括骨胶、皮胶、血胶、酪蛋白等动物胶，也包括酚醛树脂黏合剂、脲醛树脂黏合剂、聚醋酸乙烯黏合剂等合成树脂黏合剂，还包括香豆胶等植物胶。

（5）按用途分类

1）工业用黏合剂。工业用黏合剂主要用于彩印包装、建筑装饰及木器家具制造等。

2）农林用黏合剂。农林用黏合剂主要用于边坡绿化或一些土壤结构改良，能够使土壤形成团粒结构，达到保墒的效果。同时，农林用黏合剂能增强土壤的透水性，防止地表径流造成的土壤流失，提高土壤渗透力，保土保肥，缓解和调节土壤水分蒸发，让作物更好地生长。

二、涂料

涂料是指涂布于物体表面，在一定的条件下能形成薄膜，从而起到保护、装饰或其他特殊作用（如绝缘、防锈、防霉、耐热等）的液体或固体材料。因早期的涂料大

多以植物油为主要原料，故又称作油漆。现在合成树脂已取代了植物油，故这种材料被称为涂料。涂料可以保护、装饰产品，掩饰产品的缺陷，还能提升产品的价值。

涂料可分为很多类型，具体是：

按产品形态不同，涂料可分为液态涂料、粉末型涂料、高固体分涂料。

按所使用的分散介质不同，涂料可分为溶剂型涂料、水性涂料（乳液型涂料、水溶性涂料）。

按用途不同，涂料可分为建筑涂料、罐头涂料、汽车涂料、飞机涂料、家电涂料、木器涂料、桥梁涂料、塑料涂料、纸张涂料、船舶涂料、风力发电涂料、核电涂料、管道涂料、钢结构涂料、橡胶涂料、航空涂料等。

按性能不同，涂料可分为防腐蚀涂料、防锈涂料、导电涂料、绝缘涂料、耐高温涂料、耐酸碱涂料、耐化学介质涂料等。

按施工方法不同，涂料可分为刷涂涂料、喷涂涂料、辊涂涂料、浸涂涂料、电泳涂料等。

按功能不同，涂料可分为不粘涂料、装饰涂料、示温涂料、隔热涂料、防火涂料、防水涂料等。

按基料不同，涂料可分为有机涂料、无机涂料、有机-无机复合涂料。有机涂料按使用的溶剂不同，又分为有机溶剂型涂料和有机水性（包括水乳型和水溶型）涂料两类。生活中常见的涂料一般都是有机涂料。无机涂料是指以无机高分子材料为基料所生产的涂料，包括水溶性硅酸盐系、硅溶胶系、有机硅及无机聚合物系。有机-无机复合涂料有两种复合形式：一种是在生产涂料时采用有机材料和无机材料共同作为基料，形成复合涂料；另一种是有机涂料和无机涂料在装饰施工时相互结合，形成复合涂料。

按装饰效果不同，涂料可分为表面平整光滑的平面涂料、表面呈砂粒状装饰效果的砂壁状涂料（如真石漆）、形成凹凸花纹立体装饰效果的复层涂料。其中，平面涂料最为常见。

按在建筑物上使用的部位不同，涂料可分为内墙涂料、外墙涂料、地面涂料、门窗涂料和顶棚涂料。

按使用功能不同，涂料可分为普通涂料和特种功能性建筑涂料（如防火涂料、防水涂料、防霉涂料、道路标线涂料等）。

三、胶带

胶带由基材和黏结剂两部分组成，通过黏结使两个或多个不相连的物体连接在一起。

胶带的品种很多，分类方式也各不相同。根据基材不同，胶带可分为BOPP胶带、布基胶带、牛皮纸胶带、美纹纸胶带、纤维胶带、PVC胶带、PE泡棉胶带等。根据应用范围不同，胶带可分为警示胶带、地毯胶带、电工胶带、保护膜纸胶、缠绕膜胶带、封箱胶带、模块胶带等。根据市场普及率不同，胶带可分为普通胶带、特种胶带。根据应用环境温度不同，胶带可分为低温胶带、常温胶带、高温胶带。根据粘贴面不同，胶带可分为单面胶带和双面胶带。

包装用胶带主要是指封箱胶带，它以BOPP薄膜为基材，经过加热均匀涂抹上压敏胶乳液，从而形成8～28 μm不等的胶层。

封箱胶带有很多优点，主要包括：厚度薄，性价比高，外观透明，可双面粘，即粘即牢，无毒、无味、安全性好，使用方便，效率高，有良好的回缩性，抗刺穿性、抗撕裂性好，揭除后不会留下黏合剂，背材可阻止溶剂渗透。

封箱胶带适用于普通产品包装、封箱黏合、礼品包装等，也可以根据客户要求定制。一般透明封箱胶带适用于纸箱包装、零配件固定、锐利物件捆绑等。彩色封箱胶带有多种颜色可选，能够满足不同的外观造型需求。印字封箱胶带可印制企业商标、名称等，有助于宣传企业品牌。

四、使用包装辅助材料应注意的问题

1. 黏合剂

（1）尽量选用淀粉黏合剂

淀粉黏合剂具有干燥快、黏合力强、对环境无污染、成本非常低廉等优点。在裱贴、普通纸箱黏合、纸管黏合和纸栈板黏合等方面，淀粉黏合剂可完全取代合成树脂黏合剂。

（2）根据作业方式选择合适的黏合剂

不同的作业方式对黏合剂的性能（如黏度、干燥时间等）有不同要求，要根据作业方式选择合适的黏合剂。例如：有的包装要求黏合剂黏度较低、干燥迅速；而有的包装要求黏合剂黏度稍高一些，且干燥速度不能太快。

（3）根据企业具体情况选用合适的黏合剂

例如，目前市场上黏合剂的常见形态有乳液状、粉末状和固体状三种。乳液状黏合剂可以直接使用，但存在运输费用高、储存期短、占用储存空间等缺点；粉末状及固体状黏合剂需要通过一定方式转变成乳液后才能使用，但它具有储存期长、节省运输成本和储存空间等优点。珠三角地区由于纸箱厂家密集、交通发达，因此当地包装企业绝大部分购买乳液状的淀粉黏合剂；而在内地大多数地区，由于纸箱企业分散且

规模相对较小，所以包装企业多购买粉末状淀粉黏合剂。

（4）根据制品用途选用合适的黏合剂

不同用途的包装制品对黏合剂的要求各异。例如，一般的纸质容器只要求在贮存、运输过程中有足够的黏合强度即可，而食品、化妆品和药品的包装除要求有一定的黏合强度外，还要求所用黏合剂必须无味、无毒，符合国家安全卫生法规与环保要求。因为黏合剂中的某些成分如促进剂、增塑剂、防老剂等有可能转移至包装材料的内表面而污染内容物，因而必须予以注意。除此之外，还应根据纸制品的具体用途，对黏合剂的各种耐性进行考察，如耐热性、耐水性、耐化学试剂性、抗老化性、耐低温性等。

（5）注意黏合剂的环保和安全性

使用黏合剂时还必须考虑它的环保和安全性。溶剂型黏合剂使用大量有机溶剂，不仅严重污染环境，损害人体健康，而且可能引起火灾，因此应尽可能地避免使用，而应使用水性或不含溶剂的黏合剂。

2. 涂料

大部分溶剂型涂料和有机溶剂里都含有苯及其化合物。苯是一种无色且具有特殊芳香气味的液体，由于苯及其化合物已经被世界卫生组织确定为强致癌物，所以它也被称为“芳香杀手”。

在选用涂料作为包装辅助材料时，要认准环保标志，降低接触者的风险。

3. 胶带

包装中使用的封箱胶带有很多种，如透明胶带、牛皮胶带等。使用封箱胶带时应注意下面几个问题：

（1）使用前选择好规格

封箱胶带规格非常多，不同规格的胶带，用途也会有一定的差别，所以在使用前一定要挑选好合适的封箱胶带。

（2）使用时需要进行拉伸

在使用封箱胶带的时候，注意要将封箱胶带拉伸，使其具有一定的张力，以免粘贴不上。

（3）使用时需要进行表面清理

在使用封箱胶带时，一定要对被粘物的表面进行清理，保证被粘物表面清洁干燥。杂屑、污渍、水渍等都会使胶带降低甚至失去黏性。

思考练习题

1. 选用包装材料应遵循哪些原则？
2. 简述纸材、塑料、金属、玻璃、木材等主要包装材料的优缺点。
3. 选用塑料包装材料时应注意哪些问题？
4. 主要包装用纸有哪几种？
5. 选用木质包装材料应注意哪些问题？
6. 金属包装材料主要分为哪几种？
7. 选用玻璃包装材料时应注意哪些问题？
8. 商品包装的辅助材料主要有哪几种？

第五章　商品包装技术

随着我国社会、经济和科技的飞速发展，商品包装已成为企业促进销售、增强竞争力的重要手段。众多新技术、新材料和新工艺已被应用于包装设计、包装工艺和包装设备等方面。

第一节　商品包装技术概述

一、商品包装技术的概念和分类

商品包装技术是研究商品包装过程中所涉及的技术原理、工艺过程和操作方法的总称。商品包装设备、商品包装材料等是商品包装技术的重要基础。

按照所包装商品的类别不同，商品包装技术可以分为食品包装技术、化学品包装技术、药品包装技术、机电商品包装技术等。

按照包装的类型不同，商品包装技术可以分为运输包装技术和销售包装技术。

按照包装的功能不同，商品包装技术可以分为无菌包装技术、防氧化包装技术、防虫害包装技术、防震包装技术、防霉腐包装技术、防锈包装技术、防潮包装技术、防盗包装技术等。

按照包装的技法不同，商品包装技术可以分为填充包装技术、热成型包装技术、热收缩包装技术和拉伸包装技术等。

随着时代与科技的飞速发展，商品包装技术产生了日新月异的变化。电子商务的蓬勃发展和绿色包装、个性化包装等潮流的兴起，对现代商品包装技术提出了更高的要求。许多新技术、新工艺被应用于商品包装技术领域，使现代商品包装的技术水平、质量、效率等得到迅速提高。

二、商品包装标准和商品包装安全法规

1. 商品包装标准

商品包装标准是指为了保证商品包装的适应性，对商品包装的类型、规格、容量、印刷标志、封装、衬垫、检验方法以及容器的结构造型等必须达到的某些或全部要求所制定的统一规定。商品包装标准按一定的程序审批颁布后，便成为权威性的文件。

在国际范围内使用的包装标准主要是国际标准化组织（ISO）制定和发布的标准，该组织下设包装技术委员会，专门负责制定包装领域的有关术语、定义、包装规格尺寸、包装性能和试验要求等标准。

我国的商品包装标准体系主要由两类标准构成：一类是单独的包装标准，另一类是包含在某个商品标准中的包装技术要求和规定。单独的包装标准又包括基础标准、包装材料及其试验方法标准、包装容器及其试验方法标准、包装技术标准、产品包装标准等几类。其中，产品包装标准是对某一具体产品的包装环境、包装用料、包装标志、容器规格尺寸、包装充填、验收规则、包装件的储运等做出的具体规定。

2. 商品包装安全法规

商品包装的安全性通常包括商品包装材料的安全无害、包装结构（强度）的安全、对商品危及公共安全的防范、包装的开启安全（如玻璃瓶包装常因不易开启或开启方法不当造成消费者受伤）、包装在使用过程中的安全保护性和防拆封掺假的安全等。国际上制定的商品包装安全法规主要集中在以下几个领域：

（1）食品包装安全

关于食品包装的安全法规主要是规定食品包装必须保证内装食品新鲜，符合无菌量要求，以及食品包装材料本身无毒无害，不会对消费者造成伤害。例如，我国《食品安全法》规定："直接入口的食品应当使用无毒、清洁的包装材料、餐具、饮具和容器。"

（2）药品包装安全

许多国家为保证人们避免接触有毒药物而进行包装立法。例如，美国制定的《防止毒害包装法》中规定，阿司匹林等许多药品的包装都必须装上安全装置（如儿童防护盖），主要目的是为了防止5岁以下儿童误服药品。

（3）危险品运输包装安全

为防范危险货物贸易和运输中潜在的安全隐患，各国都制定了危险货物的运输规

则，其中都包含有对运输包装安全的规定。目前，在国际上广泛实施的《国际海运危险货物规则》《国际民航组织危险物品安全航空运输技术细则》等都对危险货物进行了分类分级，规定了包装标志。例如，《国际海运危险货物规则》规定，危险货物使用的包装分为Ⅰ类包装（适用于包装高危险性物质）、Ⅱ类包装（适用于包装中等危险性物质）、Ⅲ类包装（适用于包装低危险性物质）。

（4）包装废弃物环保性

为了不使包装废弃物对环境造成危害，许多国家都公布了有关包装废弃物处理的法规。例如，德国在20世纪就先后制定了《废弃物限制及废弃物处理法》《包装废弃物处理法》《循环经济及废弃物法》等。

第二节　无菌包装技术

商品在流通的各环节都有被霉腐微生物污染的可能，因此，为了保护商品安全地实现储存、流通、销售等，必须对易霉腐商品进行无菌包装。无菌包装技术是指在被包装物、包装容器或材料、包装辅助器材无菌的情况下，在无菌的环境中进行充填和封合的一种包装技术。无菌包装技术的主要研究对象是食品、饮料的包装，其次是对热敏感的某些产品（如医药等）的包装。

一、影响商品霉腐的主要因素

商品上的霉腐微生物不断从商品中吸取营养并排出废物，在其大量繁殖的同时，商品逐渐遭到分解破坏，因此霉腐微生物在商品上进行物质代谢的过程也就是商品发生霉腐的过程。商品受潮是霉菌生长繁殖的关键因素。商品霉变后发出霉味，外观上产生污点或染上各种颜色，内部结构被彻底破坏，失去了使用价值。

1. 常见的霉菌及其危害

霉菌是一种重要的霉腐微生物，常见的霉菌有以下几种：

（1）木霉

木霉俗称绿霉、绿霉菌等，它是最普遍、危害最严重的杂菌，可使谷物、水果、蔬菜等霉变，也可使木材、皮革与纤维物质霉烂。

（2）毛霉

毛霉又称长毛霉、黑霉等。毛霉的典型特征是有菌丝生长，毛霉成熟后其黑色孢子很快生出，适宜条件下，7天内其菌丝可将菌袋表面占领并变为黑色，危害较大。毛霉常产生在水果、果酱、蔬菜、糕点、乳制品、肉类等食品上，可引起食品变质腐败。

（3）根霉

根霉与毛霉相似，可使淀粉转化为糖，还会引起粮食及其制品霉变。

（4）曲霉

曲霉包括黄曲霉、黑曲霉等，是目前除木霉之外的第二大杂菌品种。曲霉有分解有机物的能力，能引起许多种类的食品霉腐。

（5）青霉

青霉可呈青色、灰绿色或黄褐色。青霉菌能生长在各种食品上，引起食品变质。其中有些青霉菌种可制取抗生素，如青霉素。

（6）芽枝霉

芽枝霉能引起食品霉变，危害纺织品、皮革、纸张与橡胶等。

（7）镰刀霉

镰刀霉可引起谷物与果蔬霉变，其中有些菌种可产生毒素。

（8）枝霉

枝霉分布在土壤与空气中，在冷藏肉与腐败蛋中经常出现。

2. 商品霉腐的外界因素

霉腐微生物从商品中获得营养物质，但它要繁殖生长还需要适宜的外界条件。

（1）环境湿度和商品的含水量

水分是霉腐微生物生长繁殖的关键，霉腐微生物的新陈代谢必须有水的参与，当商品含水量超过一定标准时就有可能霉腐。

（2）环境温度

对多数霉菌体内的酶来说，最适宜的温度是25～28℃，在此温度下酶的活性最强，霉菌的新陈代谢也随之加速，生长繁殖也就旺盛。

（3）空气的影响

霉菌的生长繁殖还需要有适量的氧气，空气中的氧气供应充足将有利于嗜氧霉菌的生命活动，抑制厌氧霉菌的生长繁殖。

（4）化学因素

化学物质对霉腐微生物有三种作用：一是作为其营养物质，二是抑制其代谢活动，三是破坏其结构或代谢机制。

（5）其他因素

除以上几种主要的影响因素外，商品在储存、流通过程中，还会受到紫外线、辐射、微波、电磁振荡以及压力等因素的作用，这些都将影响霉腐微生物的生命活动，从而影响商品的霉变和腐败。

二、商品无菌包装技术与无菌包装设计

1. 商品无菌包装技术

商品无菌包装技术当前主要有以下几种：

（1）化学药剂无菌包装技术

化学药剂无菌包装技术是使用防霉防腐化学药剂将商品和包装材料进行适当处理的包装技术。防霉防腐剂不能影响商品的性能和质量，应对金属无腐蚀作用，防霉防腐剂本身应具有较好的稳定性、耐热性与持久性。防霉防腐剂有两大类：一类是用于工业品的防霉剂，如多菌灵、百菌清、灭菌丹等；另一类是用于食品的无菌剂，如苯甲酸及其钠盐、托布津等。

（2）气相无菌包装技术

气相无菌包装技术使用具有挥发性的防霉防腐剂，利用其挥发产生的气体直接与霉腐微生物接触，杀死这些微生物或抑制其生长，以达到商品无菌的目的。这种技术对商品外观和质量不会产生不良影响，但要求包装材料和包装容器具有透气率小、密封性能好的特点。气相防霉腐剂主要采用多聚甲醛防霉腐剂和环氧乙烷防霉腐剂，环氧乙烷防霉腐剂会残留有毒的氯乙醇，适用于不能加热、怕受潮的商品，一般用于日用工业品的无菌包装，不宜用作粮食和食品的无菌包装。

（3）气调无菌包装技术

气调无菌是生态防霉腐的一种形式，包括降氧等方法。目前人工降氧的方法主要有机械降氧和化学降氧两种。机械降氧主要有真空充氮法和充二氧化碳法，化学降氧是采用脱氧剂来使包装内氧的浓度下降。气调无菌包装的材料必须采用对气体或水蒸气有一定阻透性的气密性材料，才能保持包装内的气体浓度。

（4）低温冷藏无菌包装技术

低温冷藏无菌包装技术通过控制商品本身的温度，使其低于霉腐微生物生长繁殖的最低界限。它可以抑制生物性商品的呼吸、氧化过程，使其自身分解受阻。一旦温度恢复，仍可保持其原有的品质；同时，还可以抑制霉腐微生物的代谢与生长繁殖，达到无菌的目的。按冷藏温度的高低和时间的长短，这种包装可分为冷藏和冻藏两种。冷藏无菌包装适于蔬菜、水果、鲜蛋等易腐商品，是短时间保持在0℃左右的冷却储藏。冻藏无菌包装适于肉类、鱼类易腐商品，是较长时间保持在－18～－16℃的冻结储藏。低温冷藏无菌包装应使用耐低温包装材料。

（5）干燥无菌包装技术

干燥可使微生物细胞蛋白质变性并使盐类物质浓度增高，从而使微生物生长受到抑制或促使其死亡。干燥无菌包装技术通过在密封的包装内放置一定量的干燥剂来吸收包装内的水分，使内容物的含水量降到其允许的含水量以下。

(6) 电离辐射无菌包装技术

电离辐射的直接作用是，当射线穿过微生物时能使其内部成分分解，从而造成其诱变或死亡。其间接作用是使水分子离解成为游离基，与液体中溶解的氧形成强氧化基团，从而使微生物酶蛋白失去活性，使微生物诱变或死亡。小剂量辐射能延长商品保存期数周到数月，大剂量辐射可使商品彻底灭菌，长期保存。

2. 商品无菌包装设计

以下主要介绍食品和机电商品的无菌包装设计。

(1) 食品无菌包装的类型

按食品在容器内外的灭菌方式不同，食品无菌包装可分为最后灭菌和无菌加工。最后灭菌是指在将食品充填到容器中之后进行严密封口，再进行灭菌处理，如罐头食品、啤酒等的灭菌。无菌加工通常是指经过灭菌后的食品在无菌的环境（含设备）下充填到无菌的包装材料（容器）中，并进行严格密封。这种食品叫无菌包装食品。

按灭菌方法不同，食品无菌包装可分为加热灭菌、辐射灭菌和化学药剂灭菌等几类。加热灭菌装置主要有灭菌通道和杀菌釜，干热灭菌通道分为辐射式通道和层流式通道，杀菌釜是用过热饱和蒸汽，在115～138℃的温度范围内对微生物进行灭菌处理。辐射灭菌主要是利用紫外线、红外线、放射线、微波等进行辐射灭菌，这是一种新型的物理灭菌的方式。化学药剂直接关系到食品的安全性，因此各国对于食品的药剂灭菌都予以严格控制，大多规定所有的灭菌剂都不能直接加入食品中。

(2) 食品的无菌包装设计

食品霉腐是很普遍的现象，除与食品成分、基质渗透压和pH值有关，还与外界的温度、湿度、环境卫生、日光与氧气等因素有关。包装材料或容器与食品必须是相容的，所选用的包装材料既不能受食品的影响，也不能影响食品的质量和食品的色、香、味，还必须切实保证不会使食品产生毒性。

包装后需要进行销售、运输的食品，还应对包装材料或容器进行防潮处理。包装材料或容器除采用复合材料外，最简便、最经济的防潮方法是对其单面或双面涂喷防潮涂料。包装材料或容器必须进行卫生处理，甚至需要进行除霉、防霉的处理。耐热包装材料的除霉方法可以是湿热灭菌和干热灭菌，对不耐热包装材料可以用化学药剂、紫外线照射、放射性照射等方法除霉灭菌。

(3) 机电商品的无菌包装设计

机电商品主要有各种机械、电工、电子、仪器、仪表商品，其无菌包装设计如

图 5—1 所示。机电商品无菌包装设计的要点是：

1）包装材料。机电商品无菌包装材料的选用遵循以下原则：与商品直接接触的包装材料不允许对商品有腐蚀作用；尽量选用吸水率、透湿率较低的包装材料，同时该材料应具有一定的耐霉腐性；使用耐霉腐性能差的包装材料时，需进行相应的防潮、防霉处理；包装容器及材料必须干燥；包装容器内使用硅胶作为干燥剂时，应选用吸水率大于 33%的细孔型硅胶。

图 5—1 机电商品无菌包装设计

2）包装方式。机电商品无菌包装方式主要分为密封的无菌包装和非密封的无菌包装。对外观与性能要求高的机电商品可以选用抽真空、置换惰性气体的密封无菌包装方式，采用透湿率低、透氧率低的材料或复合材料，以确保容器的气密性；对霉菌不太敏感的商品可采用非密封的防霉包装方式，主要是防止包装内部的湿度过高，可在包装容器的端面开设通风窗，从而控制包装内部的含湿量，防止产品长霉或生锈。常见的非密封包装有电器、机具的木盒包装，大型机电商品的木箱包装，仪器、仪表的发泡塑料盒包装，机电商品的塑料箱盒包装。

三、商品和包装容器的灭菌技术

由于商品在生产、包装、运输、储存过程中不断受到各种微生物的污染，因而商品往往带有大量种类繁多的微生物。可利用上述化学药剂、气调、高温、低温等灭菌技术进行灭菌。在灭菌之后还须在无菌环境中对商品进行必要的后续处理，即用密封、抽真空、充气等包装方法将已灭菌的商品与外界环境隔离开。这些过程是一系列连续的过程。

1. 商品的灭菌技术

目前常用的商品灭菌技术有两种：一种是超高温短时间灭菌技术，主要用于奶制品（如鲜奶、复合奶、浓缩奶、加味奶饮料、奶油等）的灭菌；另一种是巴氏灭菌技术，它广泛用于各种酸性食品（如果汁、酸奶、水果饮料等）的灭菌。

超高温短时间灭菌技术是将食品充填并密封于用复合薄膜包装材料制成的包装袋后，使其在短时间内保持 130℃左右的高温，以杀灭包装容器内细菌的技术。

巴氏灭菌技术是将食品充填并密封于包装容器后，在一定时间内保持 100℃以下的温度，以杀灭包装容器内细菌的技术。巴氏灭菌技术主要用于牛奶、果汁饮料等的灭菌，还用于果酱、水果罐头、啤酒、酸渍蔬菜类罐头、酱菜等的灭菌。

2. 包装容器（或材料）的灭菌技术

如果仅仅是杀灭商品的细菌，而不对与其接触的包装容器、材料和环境进行灭菌，依然无法保证商品不被微生物侵蚀。所以在对商品进行无菌充填以前，还必须对包装容器（或材料）进行灭菌处理，相应的灭菌技术通常有药物灭菌技术、紫外线灭菌技术等。

药物灭菌所用的杀菌剂必须灭菌力强，对设备无腐蚀，在灭菌过程中不会生成有害物质，同时在包装材料中残留量少。目前，最常用的杀菌剂是过氧化氢，俗称双氧水。

紫外线穿透力很弱，所以只能杀灭商品表面的霉腐微生物。此外，含有脂肪或蛋白质的食品经紫外线照射后会产生臭味或变色，不宜用紫外线照射灭菌。微波的灭菌机理是：一方面，微生物在高频电磁场的作用下会吸收微波能量，微波能量转变为热量，从而灭菌；另一方面，微生物的水分和脂肪等物质受到微波的作用，其分子间产生振动摩擦，从而使细胞内部受损并产生热能，促使菌体死亡。远红外线的灭菌机理主要是，远红外线的光辐射和产生的高温使微生物迅速脱水干燥而亡。高压脉冲电场灭菌是利用强电场脉冲的介电阻断原理对霉腐微生物产生抑制作用。紫外线灭菌设备和食品微波灭菌设备分别如图 5—2 和图 5—3 所示。

图 5—2　紫外线灭菌设备

图 5—3　食品微波灭菌设备

四、无菌包装系统

无菌包装是一个连续灭菌的过程，从商品的输入，包装容器或材料的输入（或直接成型），到商品的充填以及最后的封合、冲切，都必须在无菌的环境中进行。无菌包

装系统主要包括包装容器的输入部位、灭菌部位、无菌充填部位、无菌封口部位以及包装件的输出部位，它主要分为以下几种系统：

1. 无菌罐装包装系统

在这种系统中，商品与包装罐分别进行消毒灭菌。包装罐由输送带送入机器，然后被热蒸汽消毒灭菌。包装罐经过消毒灭菌后，到冷却部位，在此部位用过压无菌空气降低包装罐的温度。当包装罐通过充填部位时，预先消毒灭菌的商品在充满过压无菌空气的无菌环境下充填入罐。然后加上已经消毒灭菌的罐盖，并用特殊设备焊合接口。最后将已封入商品的包装罐由输送带输出。无菌罐装包装系统如图 5—4 所示。

图 5—4 无菌罐装包装系统

2. 塑料瓶无菌包装系统

这种系统采用过氧化氢对包装材料进行化学灭菌。其工艺过程是：将两个塑料材料卷筒（分别为容器体和容器盖）分别送入系统；材料经过过氧化氢液洗涤，然后过氧化氢逐步分解；利用成型器成型，完成充填；最后将其封口，输出密封后的包装件。

3. 塑料袋无菌包装系统

在此系统中要将两个卷筒塑料薄膜上下合在一起，然后将其封成各自独立的小袋子。根据塑料的种类，可对这些包装袋采用不同的灭菌方式。经过灭菌的商品由无菌针灌进已预先灭菌的包装袋内。袋装满后，在灌装点以下封口，完成无菌包装，输出无菌包装件。

4. PET 无菌冷灌装系统

这种系统首先要对商品进行超高温瞬时灭菌，然后快速降温至常温（25℃），将其输入无菌罐中暂存；然后用化学消毒剂将瓶子、盖子进行灭菌；最后在无菌环境下进行灌装，直至包装件完全密封后才脱离无菌环境。无菌冷灌装系统如图 5—5 所示。

图 5—5 无菌冷灌装系统

第三节　防氧化包装技术

一、氧对商品质量的影响

氧对不同种类、组成、结构的商品的影响是不同的。

1. 食品的氧化

食品的氧化一般表现在油脂的氧化、色素的氧化、维生素 C 的氧化三个方面。很多食品都含有油脂，它可以改善食品味道，提供更多的热量，但油脂氧化变质后会发出臭味或产生毒性。油脂的氧化有自动氧化、热氧化和酶促氧化三种方式。食品中含有的色素不仅赋予食品以独特的色彩与形象，而且是判断食品质量和营养价值的重要标志，食品变色、褪色的原因主要是食品中色素的氧化和褐变。维生素 C 很容易被氧化成脱氢维生素 C，若再继续分解，将使维生素 C 失去原有的作用，从而使食品失去应有的营养成分。

2. 橡胶的氧化

橡胶是高弹性的高分子化合物，大多数橡胶分子结构是不饱和的，极易与活性氧原子起化学反应，从而使橡胶原来的结构遭到破坏，造成橡胶老化。为防止橡胶老化，可在橡胶配料中加入相应的防老剂。此外，橡胶在储运过程中要采用一定的防护性包装，以防氧、防光（特别是紫色光和紫外线）、防热、防潮，即使这样，其储存期仍不超过两年。

3. 塑料的氧化

塑料的氧化反应速度比橡胶要缓慢得多，塑料抗氧剂已获得广泛使用，其中以聚烯烃、ABS 塑料中使用最多，其次是聚甲醛、聚氯乙烯和尼龙。不同塑料的氧化稳定性是不同的，所以有些塑料无须加入抗氧剂，有的则必须加入抗氧剂，以延缓塑料的氧化过程。

二、真空包装技术

真空包装是选择气密性好、透湿率低、透氧率低的包装材料或包装容器，将商

品装入气密性包装容器，在容器密封之前抽成真空，使密封后的容器内达到预定真空度的一种包装方法。真空包装商品和真空包装拉伸设备分别如图 5—6 和图 5—7 所示。

图 5—6　真空包装商品

图 5—7　真空包装拉伸设备

1. 真空包装的作用

（1）减少容器内的氧气

对于食品来说，采用真空包装可减轻或避免食品氧化，并可抑制霉菌、害虫生存与生长，保持食品原有的色、香、味，延长其保存期；对于金属来说，采用真空包装可防止锈蚀；对于蓬松商品来说，采用真空包装可减小包装体积。

（2）利于灭菌

包装容器内排除空气后可加强热传导，如再进行高温灭菌，可提高灭菌效力。

但是，经真空包装的包装件，内外压力不平衡，会使内容物受到一定的压力。易结块的粉状商品、酥脆易碎的商品、形状不规则的商品、有尖角的商品都不能采用真空包装。

2. 真空包装的机理

（1）除氧

食品霉腐变质主要是微生物所致，其次是食品与空气中的氧气接触发生化学变化所致。当包装件内的氧气浓度小于 1%时，多数细菌的生长和繁殖速度就急剧下降；当氧气浓度小于 0.5%时，多数细菌将受到抑制而停止繁殖。

（2）阻气

阻气就是采用具有不同阻气性的包装材料（如塑料薄膜和塑料纸、箔等复合材料）阻挡包装件内外的气体互相渗透。

3. 真空包装的工艺方法

（1）机械挤压法

这种方法是将包装袋进行充填之后，从袋的两边用海绵类物品将袋内的空气排除，然后进行密封。这种方法很简单，但脱气除氧效果差，只限于要求不高的场合。

（2）吸管插入法

这种方法是从袋的开口处插入吸管，再开启阀门由真空泵进行抽气，然后用热封器封口。

（3）腔室法

这种方法是将充填过的包装袋放入腔室内，然后关闭腔室，开始用真空泵抽气，抽气完毕用热封器封口。腔室法生产率较低，但能得到较高的真空度，适合包装高质量的产品。

三、充气包装技术

充气包装是在已充填内容物的气密性容器中充填惰性气体（如氮气、二氧化碳等）的一种包装方法。它是在包装件抽真空后立即充入一定量的惰性气体，或者不抽真空，而是用惰性气体置换出空气，从而既使包装件内部除去了氧气，又使包装件内外的压力趋于平衡，以克服真空包装的不足之处。

1. 充气包装的机理

充气包装与真空包装的功能相同，工艺过程略有差异，除了除氧、阻气两步工艺外，还有充气工艺。充入二氧化碳对阻止霉菌的生长繁殖极为有效。当包装件内的二氧化碳浓度达10%～40%时，对微生物有抑制作用；如果浓度超过40%，则有灭菌的作用。将包装内空气抽出，充入纯度为99.5%的氮气，可防金属材料腐蚀及非金属材料老化，可保持食品的色、香、味，并可防止油脂氧化、肉类变色。

2. 充气包装的工艺方法

（1）吸管插入法

吸管插入法是从袋的开口插入吸管，开启阀门抽真空后关闭阀门；然后封袋，通过呼吸管除去包装袋内的空气，充进惰性气体；最后将呼吸管密封。

（2）腔室法

腔室法是将充填过的包装袋放入腔室内，然后关闭腔室开始用真空泵抽气，在抽气后充以惰性气体再封口。

四、脱氧剂包装技术

脱氧剂包装是继真空包装与充气包装之后出现的一种新型防氧化包装方法。脱氧剂可以不用抽真空设备或充气设备，不仅可以比较彻底地除掉产品微孔中的氧气，而且可以及时除掉包装作业完成后缓慢渗透进来的少量氧气。脱氧剂广泛用于食品、药品、纺织品、精密仪器、金属制品、文物等的包装。

1. 脱氧剂的作用

脱氧剂可以防止脂肪氧化、天然色素氧化褪色，抑制需氧型微生物的生长和繁殖，从而保持食品的色、香、味，延长保存期；可使粮食呼吸减慢，抑制害虫和霉菌的繁殖，大大减缓粮食的陈化速度；可防止害虫对中药材、木制品、文物、纺织品等的侵害，防止纺织品和某些有色物品褪色；还可用于金属制品的防锈包装。复合脱氧剂可用于鲜肉和鲜鱼等的保鲜包装。

2. 脱氧剂的类型

脱氧剂能在较短的时间内与氧气发生不可逆的化学反应，并形成稳定的化合物。脱氧剂与氧气之间不是简单的物理吸附，温度和催化剂等影响化学反应的诸多因素对脱氧效果均有影响。

脱氧剂包括铁系脱氧剂、亚硫酸盐系脱氧剂、加氢催化剂型脱氧剂、葡萄糖氧化酶脱氧剂和抗坏血酸（维生素 C）脱氧剂。

3. 脱氧剂的用法及注意事项

脱氧剂可以制成粉末状或小颗粒状，也可以制成片状或丸状，或制成丸状再密封包装，还可以将脱氧剂制成流体或半流体，用其浸渍或涂抹高发泡的塑料，再进行烘干，最后将载有脱氧剂的泡沫塑料块密封包装。

使用脱氧剂的包装容器应尽量减小预留空间，也可在封入脱氧剂之前先将包装容器抽真空，或与充气包装配合使用。

封入脱氧剂的包装容器必须采用阻气性良好的包装材料，如金属玻璃或复合材料。

对于长期封存的仪器、设备、武器装备、文物等，在使用脱氧剂时，可同时封入探氧剂，其颜色可随环境中氧气浓度的改变而变化。使用探氧剂时应该用透明包装容器或开窗式容器，以便观察探氧剂颜色变化。

在食品和药品包装中，脱氧剂应以特殊形式标明，使消费者便于识别。

在有些场合，脱氧剂可与干燥剂配合使用，以提高保护功能。

第四节　防虫害包装技术

一、影响商品蛀蚀的因素

1. 害虫的种类及其发育时期

不同种类害虫的生长环境、生活习性、食性等都不相同，这是影响商品蛀蚀的重要因素。同时，害虫在不同发育时期对商品的危害程度也不相同，有的害虫是成虫对商品的危害严重，有的则是幼虫对商品的危害严重。所以，防止商品蛀蚀要了解害虫的种类和生活习性，以便对症下药。

2. 商品的化学组成

商品蛀蚀还与商品的化学组成有很大的关系。容易受蛀蚀的商品有羊毛织品、蚕丝织品、人造纤维织品、天然草织品、毛皮及其制品、木制品、粮食、干果等。

（1）羊毛织品

羊毛的主要成分是角质蛋白，而角质蛋白是多种微小鳞翅目、食毛目和几种鞘翅目昆虫（如谷蛾）的基本食料。

（2）蚕丝织品

蚕丝织品由桑蚕丝、柞蚕丝和蓖麻蚕丝等织成。蚕丝由丝素和丝胶两部分组成，丝素在潮湿的环境里极易霉变和受虫蛀。有些仓虫和蠹虫能蛀蚀蚕丝和虫茧，并能依靠丝素和丝胶生长发育。

（3）皮革制品

皮革是用动物的真皮部分加工制成的，它的主要成分是皮质，富含蛋白质和糖类等，而这些正是某些昆虫的营养物质。皮蠹科昆虫如花斑皮蠹、黑皮蠹、花背皮蠹、小圆皮蠹等对皮革及其制品的蛀蚀极为严重，有的商品可被蛀蚀出许多浅色斑痕。

（4）毛皮

许多毛皮如貂皮、水獭皮、香鼬皮、艾鼬皮、灰鼠皮、狐狸皮、绵羊皮、山羊皮、猾子皮等，含有丰富的角质蛋白、糖类、脂肪等物质，这些都可以为害虫提供丰富的养料。

（5）粘胶纤维织品

粘胶纤维是再生纤维素纤维，几乎全部由纤维素组成，在纤维素酶的作用下，粘

胶纤维会水解成葡萄糖。因此，具有纤维素酶的害虫和其他各种能分泌纤维素酶的纤毛虫、鞭毛虫、变形虫等害虫，都能消化纤维素材料，从而蛀蚀商品。

（6）木制品

木材由纤维素、木质素和总称为半纤维素的己聚糖和戊聚糖等组成，新鲜木材还含有淀粉。其中，木质素不会被害虫消化，纤维素、半纤维素只有某些昆虫能消化。

除上述几种商品以外，粮食、干制食品、肉、蛋等食品都含有大量昆虫所需要的各种营养成分，因而极易被害虫所蛀蚀，所以必须采用相应的防虫害包装来保护它们。

3. 温度

害虫是变温动物，它的体温很大程度上取决于周围环境的温度。因此温度对幼虫的发育速度、成虫的寿命和繁殖率，以及害虫的死亡速度和迁移分布都有直接的影响。每种害虫在生长发育和繁殖等方面都有一定的温度要求。一般来说，8～40℃是害虫生长、发育和繁殖的有效温度范围，其中22～30℃是最适合害虫生长的温度范围。

害虫对温度的反应和适应性还受到温度变化速度、大气湿度变化、不利温度持续时间长短等因素的影响。

4. 湿度

湿度对害虫的影响也很重要，它一方面直接影响害虫的生理活动，另一方面通过影响害虫食物的含水量产生作用。害虫体内的水分主要是从食物中获得。一般仓库害虫在食物含水量低于8%时就难以生存，但也有一些害虫耐干燥的能力特别强，如谷斑皮蠹。70%～90%之间的相对湿度是最适宜多数害虫的湿度。

此外，空气中的氧气含量也对害虫有一定的影响。当空气中氧气的浓度降低到一定程度时，害虫正常的新陈代谢和生长繁殖就会受到影响。

二、防虫害包装技术

防虫害包装技术通过各种物理因素（光、热、电、冷冻等）或将化学药剂用于害虫的肌体，破坏害虫的生理机能和肌体结构，劣化害虫的生存条件，促使害虫死亡或抑制害虫繁殖，以达到防虫害的目的。

1. 高温防虫害包装技术

高温防虫害包装技术包括烘干杀虫、蒸汽杀虫等方法。烘干杀虫一般是将待包装商品放在烘干室或烘道、烘箱内，使室内温度上升到65～110℃，进行烘烤处理。蒸汽杀虫是利用高热的蒸汽杀灭害虫，一般使用蒸汽室，室内温度保持在71～82℃，要处理的商品在室内处理 15～20 s 后，害虫可以完全被杀死。

2. 低温防虫害包装技术

低温防虫害包装技术是利用低温抑制害虫的繁殖和发育，并使其死亡。一般仓库害虫在气温下降到 7℃时就不能繁殖，并大部分开始死亡。各种冷冻设备（如冷冻机、低温冷藏库等）都能将温度降到 0℃以下，足以达到防虫害的目的。

依据害虫对湿度的依赖性，防虫害包装中的含水量要在允许范围内，要尽量减少商品中的水分，以降低害虫的抗寒性，加速它的死亡。此外，还可以采取短时间内重复急剧加温、急剧冷却的方法，降低害虫的抗寒性，加速害虫的死亡。

3. 电离辐射防虫害包装技术

电离辐射防虫害包装技术利用 X 射线、γ 射线、快中子等的杀伤力使害虫死亡或者不育，从而达到防虫害的目的。X 射线是一种不带电的粒子流，有很强的穿透能力。γ 射线是一种光子流，波长短于 X 射线，它的能量很大，对害虫的杀伤力很强。

4. 微波与远红外线防虫害包装技术

微波一般是指波长为 1 mm～1 m 的电磁波，频率为 300 MHz～300 GHz。在高频的电磁场作用下，害虫虫体内部温度会迅速上升，可达 60℃以上，从而致死。微波杀虫具有处理时间短、杀虫效力高、无残害、无药害等优点，但是对人体健康有影响，因此操作人员应采取必要的防护措施。远红外线具有与微波相似的作用，主要是能迅速干燥储藏商品并直接杀死害虫。例如，害虫竹蠹的死亡临界温度为 48℃，利用远红外线的光辐射和产生的高温（可高达 150℃），可使竹制品内部的竹蠹全部死亡。

5. 化学药剂防虫害包装技术

最常用的杀虫剂是从除虫菊中提取的除虫菊酯，它是一种神经毒剂，在较高的温度下会快速分解，其中毒症状为兴奋、痉挛、麻痹及死亡，这是典型的神经毒剂的中毒现象。除虫菊酯见效迅速，多种害虫触及后会在几秒钟内死亡。除虫菊酯对人畜几乎无毒，使用安全。

利用化学药剂防虫，通常是将包装材料用防虫剂、杀虫剂进行处理，或在包装容器中加入杀虫剂或驱虫剂，以保护内容物免受虫类侵害。

三、防虫害包装的设计要点

为防止害虫混入或侵入包装，除在各个环节采取各种防虫与卫生措施外，在包装

结构上还应采取特殊的技术处理。设计防虫害包装时应着重注意如下的问题：

1. 对包装材料的基本要求

（1）有足够的防虫能力

例如，可以通过加大包装材料的厚度，增强包装材料的防虫能力。

（2）有适当的机械强度

制作防虫害包装容器的材料必须具有耐揉、扯、磨与冲击的能力。

（3）有适当的透气性和透湿性

包装材料必须能阻止外界水分与氧气进入包装，才可抑制害虫生存或使其死亡。

（4）无毒、卫生

工业产品的防虫害包装也应低毒，以防人因接触而中毒。

2. 对包装容器设计的特殊要求

防虫害包装容器除应便于成型、便于包装外，在结构、造型上还应具有防虫性。例如，某些室内昆虫常以瓦楞纸板的瓦楞为栖息地，在设计时就应加以防范。对防虫害包装容器的特殊要求包括：

包装容器各处应无针孔、无缺陷、无缝隙，造型应无弯折、无凹陷、少棱角，表面要平滑、无皱纹，密封性要好。

3. 控制包装容器内部环境条件

包装容器可用高温、低温、照射或蒸熏等方式进行杀虫。此外，为了防虫还可采用真空包装、充气包装以及在包装内加吸氧剂等方式，以使包装内部成为害虫不宜生存的环境，从而达到防虫的目的。

第五节　防潮与防锈包装技术

一、影响包装湿度的因素

1. 环境湿度

商品在储运过程中，其环境湿度是经常改变的。例如，北方一般天气寒冷，空气干燥，南方一般天气暖和，空气潮湿。商品在不同地区间运输，就会面临这些湿度的变化，而这就会影响商品含水量的稳定性。因此，必须通过一定的防潮包装措施，采用适当的技术和方法，限制商品含水量的变化，确保商品在有效期内不会发生变质，同时使包装内的相对湿度保持在一定变化范围之内。

2. 环境温度

环境温度变化对防潮包装有很大影响。例如：在较高温度下将产品封入包装内时，包装内的相对湿度可能是符合要求的；而当环境温度降到一定程度时，包装内的相对湿度就有可能超过要求。所以，包装商品时的环境温度具有重要的意义。

3. 包装材料的透湿性

包装材料的透湿性取决于所用材料的种类、加工方法和厚度。一般用透湿率来衡量包装材料的透湿性能，这是选用包装材料、确定防潮期限、设计防潮工艺的主要依据。近几年来，软包装材料向高阻隔性材料发展，这些包装材料对水蒸气的阻隔性就是用包装材料的透湿率来表示的。对于厚度为 2.5 丝（0.025 mm）的薄膜，其中透湿率低于 5 g/(m^2 · 24 h)的称为高阻隔性（高阻湿性）包装材料，透湿率在 5～20 g/(m^2 · 24 h)之间的称为阻隔性（阻湿性）包装材料，透湿率大于 20 g/(m^2 · 24 h）的称为低阻隔性（低阻湿性）包装材料。

二、防潮包装方法

一般的防潮包装方法按其包装目的不同可分为两类：一类是为了防止内装的含水商品失去水分，采用具有一定透湿率的防潮包装材料进行包装；另一类是为了防止内装商品增加水分，以保护商品质量的包装，它是在包装容器内装入一定数量的干燥剂，以减缓包装内湿度上升的速度，从而延长防潮包装的有效期。

1. 防潮包装设计的基本要求

防潮包装设计的基本要求是：要注意包装容器内各处商品吸湿性的不同，粉粒状易吸湿的商品在包装后如果被置于高温高湿环境中，设计防潮包装时应使器壁处的商品不过度吸湿；要恰当确定包装容器内以及包装操作环境的湿度，包装容器内的湿度除与包装材料透湿性有关外，还取决于包装操作环境的空气湿度；要合理选定包装材料，根据商品的性质、价值、形状、体积、重量以及储运条件、流通周期等恰当地确定防潮包装的等级与包装材料的品种，这是防潮包装设计的关键；要恰当设计包装容器的结构和外形。

防潮包装容器以球形为最佳，当包装容器为非球形时，应以包装内吸湿率最大处

为基准进行整体设计。

进行防潮包装设计时，要根据商品的性质、防潮要求、形状和使用特点来合理地选用防潮包装材料、设计包装容器、选择包装方法，并对包装的防潮性进行必要的测算。

2. 防止水分增加的防潮包装方法

防止商品水分增加的包装方法是将适量的干燥剂与商品同时放入密闭的包装容器中，从而降低包装容器内的湿度或减少商品的水分。该方法要采用透湿率小的防潮包装材料，但仅适用于食品、药品或其他小型机电商品的短期防潮包装。

防潮包装所使用的干燥剂必须具有以下特性：一是吸湿能力强，且单位体积的吸湿量应尽可能大；二是无味，无毒，不挥发；三是具有化学稳定性，吸湿后不产生化学变化；四是在常温下，吸湿能力基本不受温度影响；五是通过干燥处理可再生并重复使用。

常见的干燥剂有蒙脱石、硅胶、分子筛（天然沸石与合成沸石）、氯化钙、硅藻土与活性炭等。

三、影响金属制品锈蚀的因素

影响金属制品锈蚀的因素有很多，既包括金属制品自身的因素，也包括金属制品储存环境的因素。

1. 金属制品自身因素

（1）金属制品种类

一般来说，电极电位越低的金属在空气中越容易锈蚀。例如，铁的电极电位比铜低，因此在空气中铁比铜容易锈蚀。

（2）金属制品的杂质和所加其他金属成分

一般常用的金属材料及其制品都不是纯金属，而是多种成分的合金。纯金属在空气中或电解液中都是比较稳定的，但是只要有少量的杂质存在，其锈蚀速度就会增加几百倍甚至几千倍。

（3）金属制品表面的镀层

为防止有些金属制品锈蚀，常在其表面镀上具有保护作用的金属镀层。金属镀层主要有两种类型：一种是阳极性镀层，即镀层金属的电极电位比基底金属的电位低（如钢铁制品表面的镀锌层）；另一种是阴极性镀层，即镀层金属的电极电位比基底金属的电位高（如钢铁制品表面的镀镍层、镀铜层等）。这两种镀层的保护作用也不完全一样，阴极性镀层只有在镀层没有孔隙、保持完整的情况下才能防止金属制品锈蚀。

（4）金属制品的状态

金属的机械加工常常造成金属各部分形变的不均匀和内应力的不均匀，例如，在铁板弯曲处及铆钉头处的锈蚀，就是由于这个原因引起的。另外，有经验证明，受应力的部位也最容易锈蚀。有些金属如铝、铅、铜、锡、锑等在空气中能在表面上生成一层组织致密、性能稳定的保护膜，从而使金属不继续锈蚀。

2. 储存环境因素

储存环境因素是指储存环境的空气温度、湿度以及空气中的有害气体和杂质（如二氧化碳、二氧化硫、氯化物等），还有与金属制品接触的酸、碱、盐等物质。

（1）氧气

氧气和水一样，是金属在空气中锈蚀的必要因素。一方面，氧气能溶解并渗透入金属表面的水膜，使金属表面发生锈蚀；另一方面，在金属制品的锈蚀过程中，氧是主要的去极化剂。

（2）二氧化硫

二氧化硫能溶解在金属表面的水膜中生成亚硫酸，从而加强锈蚀。

（3）硫化氢

在干燥空气中，硫化氢只能引起部分金属表面变色（铜、黄铜、银和铁比较明显），但在潮湿空气中，它对铜、镍，特别是铁和镁锈蚀的促进作用较大，同时可能引起不锈钢的锈蚀。

（4）氯化物

工业废气中的氯化氢、氯气这两种气体都对金属制品具有较强的锈蚀作用，因为它们溶解在水膜中都能形成盐酸，能加快钢、铁、铝等的锈蚀。氯化钠中的氯离子体积很小，能穿透金属表面的保护膜，同时氯离子容易吸附在金属氧化膜上，取代其中的氧离子，生成可溶性氯化物，从而破坏金属表面的保护膜。

四、金属制品防锈包装技术

金属制品的锈蚀主要是一种电化学锈蚀，而电化学锈蚀主要是由于金属表面具有电化学不均匀性，当它和介质接触时，会形成锈蚀原电池。根据上述原理，可以有针对性地研究采用金属制品防锈的包装技术和方法。

金属制品防锈的方法有很多，根据防锈时间的长短可分为永久性防锈和暂时性防锈。永久性防锈方法包括改变金属内部结构，金属表面合金化，金属表面覆层（电镀、喷镀、化学镀），金属表面施非金属涂层（搪瓷、橡胶、塑料、油漆等涂层）等。暂时性防锈并不意味着防锈期短，而是指金属制品经运输、储存、销售等流通

环节到消费者手中这个过程的暂时性。实际上，防锈材料的防锈期可达几个月、几年甚至十几年。

1. 包装的预处理

由于种种原因，金属制品表面上常生成或附着各种物质，如油脂、锈蚀产物以及各种灰尘等，这些都是产生电化学锈蚀的因素。所以在对金属制品进行防锈包装时，必须对它们进行清洗、除锈、干燥等预处理。

（1）金属制品的清洗

1）碱液法。碱性物质的水溶液可以洗去金属表面的油污，这是常用的清洗方法之一。可以用于金属清洗的碱性物质有氢氧化钠、碳酸钠、磷酸三钠、焦磷酸钠、六偏磷酸钠和水玻璃等。对不起皂化反应的矿物油，多采用以硅酸钠、磷酸钠及碳酸钠等弱碱性物质为主要成分并配以表面活性剂的碱性清洗液。这种方法的缺点是如果控制不好可能引起金属制品的锈蚀或变色。

2）表面活性剂法。表面活性剂的品种有很多，如肥皂等脂肪酸盐类物质。表面活性剂法的特点是操作安全，洗油效果好，同时也能洗净非油脂性污物，并且对金属无明显锈蚀作用，因而更适用于金属精密制品。

3）有机溶剂法。有机溶剂对油污有较强溶解能力，常用的有机溶剂有石油类溶剂（如汽油、煤油等），其次是氯化烃类溶剂（如三氯乙烯、四氯乙烯等）。有机溶剂法的优点是效果好，少量金属制品清洗时不需加热，用浸泡或擦洗即可洗净，并且对金属无锈蚀。

（2）金属制品的除锈

在实际防锈包装操作中，常将除锈工序与清洗油污工序合并进行，即在清洗液中加入除锈剂。金属制品的除锈方法可分为物理机械除锈法和化学除锈法两类。

1）物理机械除锈法。物理机械除锈法包括人工除锈法和机械除锈法等。人工除锈法是用钢刷、铁铲（刮刀）、纱布、砂纸等除锈，如图 5—8 所示。这种方法较简单，但不适于小型及大量金属制品除锈。机械除锈法包括喷射法和砂轮、布轮除锈法。喷射法是用强力将砂粒喷射在金属表面，利用其冲击力与摩擦力将锈除掉，其优点是除锈效率高，成本低；砂轮除锈法只能对金属制品的非加工面使用，如图 5—9 所示；布轮除锈法适用于表面平整，对表面镀层或表面光洁度要求较高的金属制品。

2）化学除锈法。化学除锈法包括酸洗除锈和碱洗除锈（碱液电解、碱液还原、碱液煮沸）等方法，其中应用最广泛的是酸洗除锈法。酸洗除锈法是将金属制品浸渍在各种酸的溶液中，使不溶性锈蚀物变为可溶性物质，并脱离金属表面溶入溶液中的方法。酸洗除锈法与物理机械除锈法相比，主要优点是不会引起金属材料变形，操作简便，效率高，而且不需专用设备，成本较低。

图 5—8　人工除锈

图 5—9　砂轮除锈

（3）干燥

金属制品表面进行清洗后常附着有水分或溶剂，应尽快进行干燥处理，以免再生锈，然后才能涂防锈剂。常用的干燥方法有加热法、油浴脱水法、压缩空气干燥法和红外线干燥法等。不论用什么样的干燥方法，都要等金属制品表面冷却到一定温度时才能涂防锈剂，否则会引起防锈剂分解。

2. 防锈处理技法

（1）防锈油的处理技法

防锈油是以油脂或树脂类物质为主体，加入油溶性缓蚀剂和其他添加剂所形成的暂时性防锈涂料，它具有一定的隔离作用。单纯使用油脂不能获得满意的防锈效果，因此必须添加缓蚀剂。

（2）气相防锈处理技法

气相缓蚀剂在常温下即具有挥发性，它在密封包装容器中挥发出的缓蚀气体在很短时间内就能充满整个包装容器，同时吸附在金属制品的表面上，从而抑制空气对金属制品的锈蚀作用。

气相防锈包装的优点主要有：一是使用时不需要涂刷防锈油，工作环境清洁；二是气相防锈粒子能进入到包装物中细微的空间内，能够更加彻底地防锈，即使有水分残留在制品内部，气相粒子也能在水分中溶解，从而获得良好的防锈效果；三是防锈时间长（6 个月～5 年），安全卫生，不污染环境；四是不需要涂刷、脱脂、洗净等工序，能一次性完成防锈包装各项操作，因此能缩短时间、节省经费。

3. 包装后处理技术

包装后处理技术主要是指对金属及其制品进行必要的防锈处理后，为了进一步增强防锈效果，在金属制品的内包装和外包装过程中所采用的一些特殊的处理技术。它主要是用蜡纸、防锈纸、塑料膜、塑料袋等将已做了防锈处理的金属制品包好，必要

时可加入干燥剂并进行密封包装。

除了以上防锈包装技术外，还可采用真空包装、充气包装、收缩包装等包装技术方法，防止内包装的金属制品锈蚀。

第六节　防震与填充包装技术

防震包装是确保商品从生产、销售到正式使用前，在运输、保管、堆码和装卸等过程中不受损伤的包装方法，它包括全面防震包装、部分防震包装、悬浮式防震包装、联合方式的防震包装等。

一、防震包装的设计要点

防震包装设计有两方面的含义：一是指对新商品防震包装进行设计，二是指对旧商品原来的防震包装进行改进设计。

防震包装设计的主要环节包括确定环境，确定商品的易损性，选择合适的防震缓冲垫，设计和制造原型包装，对原型包装进行试验和修正。其中，要注意以下几点：

1. 确定环境

确定环境包括确定振动环境和确定冲击环境。

商品所受到的振动是非常复杂的，比较典型的有两种：一种是冲击后随之而来的衰减振动，这种振动的影响不会超过冲击的影响；另一种是持续不断的振动，这种振动有可能引发商品的共振，给商品造成损害。

商品在整个运输过程中会多次遇到冲击，因此，要选择用户希望防护的最高跌落高度作为基准。

2. 确定商品的易损性

（1）确定商品的冲击破损边界

商品因冲击受损的原因是惯性力引起过大的内应力，因此商品的冲击易损性可用可承受的最大加速度值来表示。防震缓冲垫可以使最大加速度大大减小，防震包装设计的目标就是保证传到内容物上的加速度值小于允许加速度值。

（2）进行易损性试验

进行易损性试验的目的是确定商品的损坏边界，一般在冲击试验机上将待试商品固定在顶部，将冲击台提升到规定的跌落高度，然后松开让其自由下落，冲击机器的底板。

3. 确定商品的临界共振频率

商品和零部件的共振频率是经试验确定的。共振试验在振动试验机上进行，振动可以是上下方向或上下、水平两方向。试验时通过改变频率观察商品是否发生共振。

4. 设计和制造原型包装

原型包装应当非常接近预定的最后包装，其材料、封闭性、尺寸、重量等都要与最后包装一样。原型包装要制造一定数量，以备多次试验之用。

二、防震包装的方法

1. 全面防震包装法

全面防震包装法是指将内容物与外包装之间全部用防震材料填满来进行防震的包装方法。

2. 压缩包装法

压缩包装法是用弹性材料把易碎品填塞起来进行加固的包装方法，这样可以吸收振动或冲击的能量，并将其引导到内容物强度最高的部分。这种方法所用的弹性材料一般为丝状、薄片状和粒状。

3. 浮动包装法

浮动包装法所用弹性材料为小块衬垫，这些材料可以位移和流动，有效地充满直接受力部分的间隙，分散内容物受到的冲击力。

4. 裹包包装法

裹包包装法是用各种类型的片材把单件内容物裹包起来放入外包装箱盒内的包装方法，如图 5—10 所示。这种方法多用于小件商品的防震包装。

5. 模盒包装法

模盒包装法是用模型将聚苯乙烯树脂等材料做成和商品形状一样的模盒，用模盒

来包装商品以起到防震作用的包装方法，如图 5—11 所示。这种方法多用于小型、轻质商品的包装。

图 5—10　裹包包装法

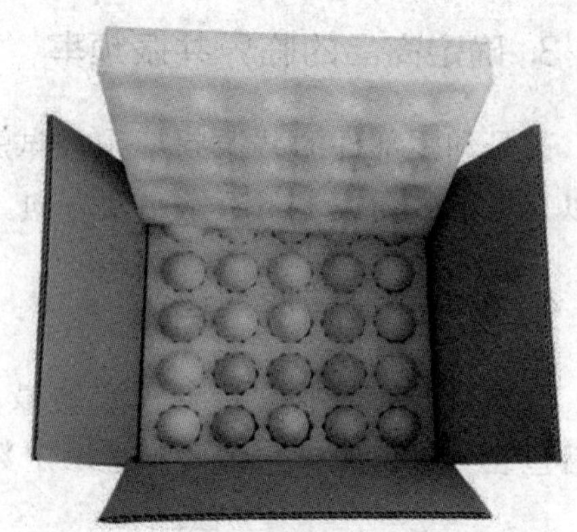

图 5—11　模盒包装法

6. 现场发泡包装法

现场发泡包装法是在内容物和外包装箱之间充填发泡材料的一种防震包装方法。这种方法利用发泡液的发泡形成保护模型，将商品全方位保护起来。它操作便捷，不用开模具，不用仓储堆积，现场即可成形，适合包装各种不规则的商品，尤其是贵重易碎商品，在物流运输中被广泛使用。

7. 部分防震包装法

对于整体性好的商品和有内包装容器的商品，可以仅在商品或内包装的拐角或局部地方使用防震材料进行衬垫，这种方法叫部分防震包装法。这种方法所用的防震材料主要有泡沫塑料防震垫、充气塑料薄膜防震垫和橡胶弹簧等。这种方法目前广泛应用于电视机、洗衣机、仪器、仪表等商品的包装。

（1）悬浮式防震包装法

某些贵重易损的商品往往采用坚固的外包装容器进行包装，包装时可把商品用带子、绳子、吊环、弹簧等支撑件吊在外包装中，不与其四壁接触，这种包装方法称为悬浮式防震包装法。这些支撑件起着弹性阻尼器的作用。

（2）联合防震包装方法

在实际包装中，常将两种或两种以上的防震方法配合使用，称为联合防震包装方法。例如，既加铺垫，又填充无定型缓冲材料。又如，可将厚度相等的异种材料并联使用，也可将面积相等的异种材料串联结合使用。

三、防震包装材料

1. 防震包装材料的性能要求

防震包装材料的作用是缓和包装件中的内容物在运输、装卸过程中所受的冲击和振动外力，因此防震包装材料必须具有其特定的性能。

（1）能吸收冲击能量

把防震包装材料压缩到一定程度时，由于防震包装材料的弹性和“黏性”，商品落下时的能量就可以减少，也就是冲击能量被吸收了，从而使外来的冲击力衰减到不使商品受到破坏的程度。在外来冲击力较小的情况下，对应产生的加速度较小，则以能产生较大形变的软材料为宜；而在外来冲击力较大的情况下，则以较硬的材料为宜。

（2）能吸收振动外力

在运输过程中，当卡车或其他运输工具的振动频率与内容物的固有频率接近时，就要发生共振。共振将使商品受到破坏，缓冲包装材料必须能够减少或消除这种共振。

（3）具有较好的复原性

防震包装材料应有高的回弹能力（即复原性）和低的弹性模量，当受到外力作用时产生变形，当外力消失时能恢复其原形，并且在再受外力作用时还有变形的能力，这种变形后能恢复原来形状的能力叫作复原性。复原性又分为静复原性（受静压负荷作用时的复原性）和动复原性（受冲击和振动时的复原性）两种。

（4）具有温度、湿度的安定性

防震包装材料应在一定的温度、湿度范围内保持防震特性，对冲击和振动的吸收性、复原性等缓冲性能随环境温度、湿度变化的程度越低越好。也即在尽可能大的温度、湿度范围内，材料缓冲性能的变化要尽可能小。

（5）吸湿率小

吸湿率大的防震包装材料有两个危害：一是降低防震性能，二是造成所包装的金属制品生锈和非金属制品变形、变质。纸和连续发泡的泡沫塑料易吸水，不宜用于金属制品的包装，非连续发泡的泡沫塑料不易吸水，适用于金属制品的包装。

（6）酸碱性适中

防震包装材料水溶出物的 pH 值应为 6～8，与内容物直接接触时，pH 值最好是 7，否则在潮湿条件下易使内容物遭腐蚀。

此外，防震包装材料还应有较好的挠性和抗拉强度，有必要的耐破损性和化学稳定性。

2. 常用防震包装材料

防震包装的作用主要是克服冲击和振动对内容物的影响。克服冲击所采用的方法

通常叫缓冲，所用材料叫缓冲材料；克服振动所采用的方法通常叫防振、隔振，所用材料叫防振材料、隔振材料。

（1）防震包装材料的分类

防震包装材料广泛应用于精密仪器、电子产品、武器、玻璃仪器、工艺品、文物、各种异形易碎产品、某些化工产品及机械产品等的保护性包装中。防震包装材料的种类很多，有天然的、合成的、定型的、无定型的等。

防震包装材料按有无定型可分为无定型缓冲材料和定型缓冲材料。无定型缓冲材料主要有屑状、丝状、颗粒状、小块或小条等形状，用于填充在商品周围；定型缓冲材料主要是由各种材料组成的垫角、隔板、衬垫等，用于将商品隔开、固定或包围，如成型纸浆、瓦楞纸板衬垫、纸棉材料、棕垫、弹簧等。

防震包装材料按材质的不同可分为以下几类：纤维素类，如纸屑、纸浆、稻草、麦秆、合成纤维等；动物纤维类，如猪鬃、羊毛、毛毡等；矿物纤维类，如玻璃纤维、石棉、矿物棉等；气泡结构类，如天然橡胶、合成橡胶、泡沫塑料、气泡塑料薄膜、气泡片材、发泡板材和就地发泡材料等；纸类，如瓦楞纸板、开槽隔板、玻璃纸衬料、旧报纸和皱纹纸等；防震装置类，如弹簧、悬挂装置等。

（2）主要的防震包装材料

1）泡沫塑料。泡沫塑料是具有细孔海绵状结构的发泡树脂材料。它的气泡结构分为两种：一种是独立气泡，即一个个气泡各成薄壁独立状；另一种是连通气泡，即各个气泡相互连通成一体。

2）气垫薄膜。气垫薄膜是一种合成缓冲材料。它是在两层塑料薄膜之间采用特殊的方法封入空气，使薄膜之间连续均匀地形成气泡。气垫薄膜不适合包装重量较大、负荷集中及形状尖锐的商品，否则会压破或刺破气泡，使其失去缓冲作用。

3）兽毛填充橡胶防震包装材料。用天然橡胶作为弹性黏合剂，把猪毛、马毛、合成纤维等黏合，制成防震胶垫，即兽毛填充橡胶防震包装材料。这种防震包装材料适合于包装仪器、仪表和精密机械。

四、液体物料和固体物料的填充

1. 液体物料填充

液体物料填充在国内习惯称为灌装。需要灌装的液体物料有很多，几乎包括生活中使用的一切液体，此外还有一些工农业生产用液体。在选用灌装方法和灌装设备时，首先要考虑液体物料的黏度。根据灌装的需要，一般将液体物料按黏度分为流体、半流体和黏滞流体三类。

（1）液体物料灌装的力学基础

液体物料灌装一般是将液体从贮液缸中取出，使之通过管道流入容器。液体物料在管道中流动的条件是：流入端与流出端之间必须有压力差（也称压头），且流入端的压力必须高于流出端的压力。

（2）液体物料灌装的方法

按灌装原理不同，液体物料灌装方法可分为重力灌装、压力灌装和真空灌装三大类。按计量方式不同，液体物料灌装方法可分为定液位灌装法和容积式灌装法。

2. 固体物料填充

固体物料的种类有很多，按形态不同可分为粉末、颗粒和块状三类，按黏性不同可分为非黏性物料、半黏性物料和黏性物料三类。非黏性物料（如干谷物、种子、大米、砂糖、咖啡、粒盐、结晶冰糖和各种干果等）可以自由流动；半黏性物料（如面粉、粉末味精、奶粉、绵白糖、洗衣粉、青霉素粉剂等）不能自由流动，填充困难，需要采用特殊装置；黏性物料（如红糖粉、蜜饯果脯和一些化工原料等）填充就更为困难。

固体物料的填充方法可分为三大类：第一类是称量填充法，就是以重量来计量填充物料；第二类是容积填充法，就是以容积来计算填充物料；第三类是计数填充法，通常用于集合包装，是以块状、颗粒状固体物料的数量或包装单件的数量来计量的方法。

（1）称量填充法

称量填充法适用于易吸潮、易结块、粒度不均匀、密度比较大的物料的填充。这类填充方法分净重填充和毛重填充两种。净重填充法是将物料先用秤称过，然后填充到包装容器中。它广泛应用于精度要求高或贵重，并可自由流动的固体物料，也用于那些不适合用容积填充法包装的物料（如膨化玉米、油炸土豆片等）。但净重填充法充填速度慢，所用机器价格高。毛重填充法是将物料装入容器后，连同容器进行称量，这种方法使用的机器简单，价格较低。缺点是包装容器本身的重量变化直接影响填充物料的规定重量。

（2）容积填充法

这种方法不需要称量装置，所用机器结构简单，填充速度高。常用机器有计时振动填充机、螺旋填充机、真空填充机等。

（3）固体物料的计数填充法

在食品、日用化学、医药等产业中，一些片状、颗粒状、针状、棒状商品（如香皂、面包、糖果、药片、钢珠、纽扣、卷烟、铅笔等）由于在生产中实现了机械自动化生产，或实现了规格化、标准化生产，因此每种商品具有“相同”的分量和质量，这种商品多使用计数定量包装。计数方法分为两大类：一是将包装商品按一定规则整齐排列后计数，二是从杂乱包装商品的集合体中直接取出一定个数。

其中，规则排列的包装商品的计数法包括：

1）集积计数。这种方法是将商品按一定规则排列，再按一定的长度、高度、体积取出，从而获得一定数量。这种方法常分为长度计数法、容积计数法和堆积计数法。

2）计数器法。计数器法需要使用计数器。计数器是将商品整齐而有规则地排列，再逐个顺序计数的装置。常见的计数器有机械式计数器和光电式计数器两大类。

杂乱包装商品的计数方法主要包括转盘计数法、转轮计数法和计数秤计数法。

第七节　热成型、收缩与拉伸包装技术

一、泡罩包装技术

泡罩包装和贴体包装都属于热成型包装技术。

泡罩包装发明于20世纪50年代，最初用于药片和胶囊的包装，以解决当时瓶装药片服用不便、包装生产线投资大等问题。在服药时，用手挤压泡罩包装的小泡，药片便可冲破铝箔而出，故有人称它为发泡式或压穿式包装。这种包装重量轻，运输方便，密封性能好，可防止潮湿、灰尘、污染、偷窃和破损，能包装任何异形品，装箱时不另用缓冲材料，外形美观，使用方便，便于销售。常见泡罩包装如图5—12和图5—13所示。

图5—12　医疗用品泡罩包装

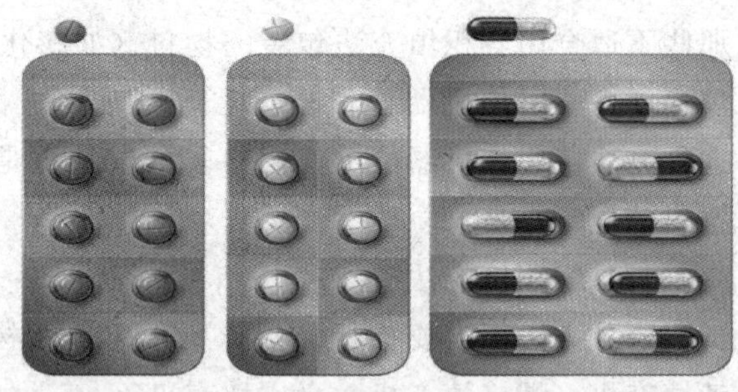

图5—13　药品泡罩包装

1. 泡罩包装材料

泡罩包装主要由热塑性的塑料薄片和衬底组成，有的还使用黏合胶或其他辅助材料。

（1）塑料薄片

在泡罩包装所用的硬质塑料片材中，纤维素应用最普遍，具有极好的透明性、热成型性、热封性以及抗油和脂的透过性。此外还有用复合材料制作的塑料薄片。包装需高阻气性和蔽光的商品时，应采用塑料薄片和铝箔复合的材料。包装食品和药片则需采用无毒的塑料薄片。

（2）衬底

衬底主要有白纸板、B 型和 E 型涂布瓦楞片、带涂层铝箔和多种复合材料等几种，其中最常用的是白纸板。

2. 泡罩包装方法

泡罩包装的泡罩、空穴、盘盒等有大有小，其形状因被包装物的形状而异。泡罩包装有用衬底的，也有不用衬底的。按操作方法不同，可将泡罩包装分为手工操作泡罩包装和机械操作泡罩包装两大类。手工操作泡罩包装适用于资金不足而劳动力充足地区的多品种小批量生产，机械操作泡罩包装适用于大规模、大批量生产。

3. 泡罩包装机械

按自动化程度不同，包装机械可分为半自动化包装机、自动化单机和全自动化生产线三类。

半自动化包装机多为卧式间歇操作，以手工充填为主，生产率较低，用于包装单件、颗粒等商品；自动化单机以卧式为主，间歇与连续操作均有，生产率中等，有一定的通用性；全自动包装生产线有卧式和立式两种，以药品（药片、胶囊和栓剂等）专用包装为主，国外称为 PTP（Press Through Pack）包装，国内又称压穿式包装。

典型的泡罩包装机械都必须有热成型材料供给、加热、成型、充填、封合、冲切、成品输出、余料收取、充填检测、废品剔除、打印、装盒等功能。

要选择适当的机型，必须首先了解泡罩包装机主要工作装置的区别及其对工艺的适应性。图 5—14 和图 5—15 所示分别为悬臂式泡罩包装机和铝塑泡罩包装机。

图 5—14　悬臂式泡罩包装机

图 5—15　铝塑泡罩包装机

（1）加热部分

加热部分的作用是利用一定的加热装置对塑料薄膜加热，使之达到成型加工所需要的热熔软化状态。

（2）成型部分

成型部分可分为压塑成型和吸塑成型。压塑成型是用压缩空气或机械方式将软化的薄片压向模具从而成型；吸塑成型是负压成型，是用抽真空的方式使软化薄片紧贴在模具上从而成型，多用于连续传送的滚筒型设备。

（3）封合部分

封合部分有平板式和滚筒式两种，平板式多用于间歇传送，滚筒式多用于连续传送。

二、贴体包装技术

贴体包装与泡罩包装类似，由塑料薄片、热封涂层和卡片衬底三部分组成。它的用途有两方面：一是利用透明性，作为货架陈列的销售包装，以悬挂式为典型；二是利用保护性，包装一些形状复杂或易碎、怕挤压的商品，如计算机磁盘、灯具、各类贵重配件等。

1. 贴体包装方法

贴体包装的基本操作过程是：首先，将商品放在衬底上，一同送至抽真空的平台上，将塑料薄膜用夹持架夹住，进行加热软化；其次，用夹持架将软化后的薄片压在商品上；再次，开始抽真空，将薄膜紧紧吸塑于商品上，并热封于衬底上，形成牢固的包装；最后，将包装好的包装件传送出去。

2. 贴体包装的包装材料和包装机械

（1）包装材料

目前贴体包装最常用的包装材料是聚乙烯和离子聚合物。衬底常用白纸板和经涂布的瓦楞纸板。选用包装材料时应考虑商品的用途、大小、形状和重量等因素。

（2）贴体包装机

贴体包装机一般多为手动式，结构简单，价格便宜。因为其更换包装商品品种时不需要更换模具，所以比较灵活。

3. 泡罩包装和贴体包装的比较

泡罩包装和贴体包装虽属同一种类型的包装，但它们的包装方法略有差异，各有优缺点。

（1）泡罩包装和贴体包装的共同点

泡罩包装和贴体包装的共同点主要有：一般是透明包装，几乎可以看到商品的全部；通过不同形状的衬底和精美的印刷，可以增强商品的宣传效果；通过衬底的设计，包装件在商店内可悬挂陈列；可以包装成组和零件多的商品；形状复杂的商品也能包装；一般情况下，包装成本比其他包装方法高；费人工，包装效率较低。

（2）泡罩包装和贴体包装的不同点

1）包装保护性。泡罩包装通过适当选择材料，可具有防潮性、阻气性，可真空包装。贴体包装衬底有小孔，没有阻气性。

2）包装作业性。泡罩包装容易实现包装自动化和流水线生产，但需要更换模具等。贴体包装难以实现包装自动化和流水线生产，生产效率低，但因不需要模具，适合多品种小批量生产，特别适合包装大而重的商品和形状复杂的商品。

3）包装成本。泡罩包装的材料和机械昂贵，特别是小批量包装大而重的商品时，成本较高。贴体包装和泡罩包装相比，材料和机械较为便宜，但使用人工比例高，大批量包装小而轻的商品时，成本比泡罩包装高。

4）商品展示效果。泡罩包装一般较为美观，贴体包装因衬底有小孔，美观性稍差。

5）便利性。泡罩包装的内容物一般可以容易地取出，贴体包装的内容物取出时一般会损坏衬底。

4. 泡罩包装和贴体包装的选用原则

选用泡罩包装和贴体包装时，需要从它们的不同特点出发。具体的选用原则包括：包装的保护性原则、包装作业方便高效的原则、包装成本尽量降低的原则、包装美观和使用方便的原则。

三、收缩包装技术

收缩包装法是用可热收缩的塑料薄膜裹包商品和包装件，然后加热使薄膜收缩并包紧商品或包装件的一种包装方法。

1. 收缩薄膜的性能

收缩薄膜是收缩包装材料中最主要的一种。在由塑料原料制成薄膜的过程中，会预先进行加热拉伸，再冷却后制成收缩薄膜。收缩薄膜的主要性能指标有：

（1）收缩率与收缩比

收缩率包括纵向收缩率和横向收缩率。测试方法是先测量收缩前的薄膜长度，然

后将薄膜浸放在120℃的甘油中1～2 s，取出后用冷水冷却，再测量收缩后的薄膜长度，经过简单计算即可得到收缩率的值。目前包装用的收缩薄膜一般要求纵、横两方向的收缩率相等，但在特殊情况下也有单向收缩的，收缩率为25%～50%。薄膜纵、横两个方向收缩率的比值称为收缩比。

（2）收缩温度

收缩薄膜加热到一定温度时开始收缩，继续加热到一定温度时又会停止收缩，在此范围内的温度称为收缩温度。

（3）收缩张力

收缩张力是指薄膜收缩后施加在内容物上的张力。薄膜在收缩温度下所产生的收缩张力的大小与薄膜对商品的保护性关系密切。包装金属罐等刚性商品时，允许有较大的收缩力，而包装一些易碎或易产生褶皱的商品时，如果薄膜的收缩张力过大，就会使商品变形甚至损坏。

（4）热封性

收缩包装作业中，在加热收缩之前，一定要先进行两面或三面热封，而且要求封缝具有较高的强度。

2. 常用收缩薄膜的种类和用途

目前使用较多的收缩薄膜是用聚氯乙烯、聚乙烯、聚丙烯、聚偏二氯乙烯、聚苯乙烯、乙烯-醋酸乙烯酯共聚物和氯化橡胶等所制的收缩薄膜。

（1）聚氯乙烯收缩薄膜

这种薄膜的收缩温度比较低而且范围广，包装件加工后透明而美观，热封部分也很整洁。其氧气透过率比聚乙烯收缩薄膜低，而透湿率更大，故适用于含水分多的蔬菜和水果包装。

（2）聚乙烯收缩薄膜

这种薄膜的光泽和透明度比聚氯乙烯收缩薄膜差，它的特点是冲击强度高，价格低，封缝牢固，多用于运输包装。

（3）聚丙烯收缩薄膜

这种薄膜的主要优点是光泽和透明度均好，与玻璃纸相同，同时耐油性与防潮性良好，收缩张力强。其缺点是热封性差，封缝强度低，收缩温度比较高，多用于录音磁带和唱片等的多件包装。

（4）其他种类收缩薄膜

聚苯乙烯收缩薄膜主要用于信件包装，聚偏二氯乙烯收缩薄膜主要用于肉类包装。

3. 收缩包装的方法

收缩包装有手工热收缩和机械热收缩两种方法。

(1) 手工热收缩

手工热收缩通常是用手工对被包装物进行裹包，然后用热风枪等工具对被包装物吹热风，完成热收缩包装。这种方法简单迅速，主要用于不适合用机械包装的包装件，如大型托盘集装的商品或体积较大的单件异形商品。

(2) 机械热收缩

机械热收缩的作业工序一般分两步进行。

首先，用机械方式对商品和包装件进行预裹包，即用收缩薄膜将商品包装起来，热封必要的口与缝。预裹包作业时，薄膜尺寸应比商品尺寸大 10%～20%。如果薄膜尺寸过小，则充填不便，收缩张力过大时，可能将薄膜拉破；如果薄膜尺寸过大，则收缩张力不够时，可能包不紧或包不平整。

然后，进行热收缩作业，将预裹包的商品放到热收缩设备中加热。热收缩作业是将预包装件放在输送带上，输送带以规定速度运行，将预包装件送进加热室，再将热空气吹向包装件进行加热，包装件热收缩完毕后移出加热室，自然冷却后从输送带上取下。不同结构的输送带能带动的商品重量也不相同。例如，耐热皮带不能承载过重的商品，链板式输送带能承载较重的商品，适用于托盘收缩包装。

机械热收缩又分为以下 3 种方式：

1) 两端开放式。当采用筒状膜时，需将薄膜开口进行扩展，再借助滑槽把商品送入筒状膜中，薄膜的尺寸应比商品的尺寸大 10%左右。这种方式比较适合于圆柱形商品裹包，如电池、纸卷、酒瓶的封口等。

2) 四面密封式。这种方式是将商品四周（用平状膜时）或两端（用筒状膜时）均裹包起来，用于要求密封性好的商品包装。如果用筒状膜裹包，只需在切断筒状膜的同时进行封口，刺孔，然后进行热收缩。

3) 一端开放式。一端开放式的收缩包装是将商品堆积于托盘上，作运输包装用。裹包时，先将包装袋撑开，而后套入托盘和堆积物，其下端开放不封合，然后带托盘进行热收缩。这种方式适用于无特殊密封要求的商品包装。

4. 收缩包装机械

收缩包装机可分为半自动收缩包装机和全自动收缩包装机，也可分为烘道式收缩包装机、烘箱式收缩包装机、框式收缩包装机和枪式收缩包装机等。国内常见的收缩包装机有：小型收缩包装机，主要用于包装水果和新鲜蔬菜，一般都用纸浆或塑料浅盘包装；L 型封口式包装机，一般使用卷筒对折膜，用手工送料，速度一般为 10～15 包/分；板式热封包装机，用于两端开放式和四面密封式包装，如多件纸盒或瓶、罐装商品包装，速度一般为 15～25 包/分；大型收缩包装机，用于装瓦楞纸箱和装大袋的商品集合包装，包装件长、宽、高一般都在 1 m 以上，有装于托盘上的，也有不用托盘的。

四、拉伸包装技术

拉伸包装最初主要是用于超市中肉、禽、海鲜、水果和蔬菜的销售包装。如今，拉伸包装已扩展到运输包装领域。这种技术在设备投资和材料、能源方面的费用支出比较小。

1. 常用的拉伸薄膜

（1）聚氯乙烯薄膜

这类薄膜使用最早，自黏性很好，抗拉强度和韧性均好，但应力滞留较差。

（2）乙烯-醋酸乙烯酯共聚物薄膜

这类薄膜含10%～12%的乙酸乙烯，其自黏性、抗拉强度、韧性和应力滞留均比较好。

（3）线型低密度聚乙烯薄膜

这是目前使用最多的一种拉伸薄膜，自黏性比聚氯乙烯、乙烯-醋酸乙烯酯共聚物薄膜略差，但拉伸性能与上述材料相当。

2. 拉伸包装方法

（1）用于销售包装的方法

1）手工操作。这种方法的操作步骤是：首先，把被包装物（特别是软而脆的商品）放在浅盘内，再从卷筒拉出薄膜，将商品放在其上卷起来；然后，向热封板移动，移到一定位置时，用电热丝将薄膜切断，再移到热封板上进行封合；接着，用手抓住薄膜卷的两端，拉伸到所需程度；最后，将两端的薄膜向下折至薄膜卷的底面，压在热封板上封合。

2）半自动操作。半自动操作是将包装工作中的一部分工序机械化或自动化，所使用的机器构造复杂，价格也较高，同时通用性也存在不足。

3）全自动操作。现有的全自动拉伸包装机主要采用上推式操作法和连续直线式操作法。

（2）用于运输包装的方法

拉伸包装用于运输包装时，与传统的木箱、瓦楞纸箱等包装相比，有重量轻、成本低的特点，因此得到迅速和广泛的应用。这种包装大部分用于托盘集合包装，有时也用于无托盘集合包装。按所用薄膜不同，拉伸包装方法可分为整幅薄膜包装法和窄幅薄膜缠绕式包装法；按操作方法不同，拉伸包装方法可分为回转式操作法和直通式操作法；按生产率高低不同，拉伸包装方法可分为手提式、平台式、输送带喂入式、全自动式等方法。

以窄幅薄膜缠绕式包装法为例，这种方法是将窄幅面薄膜（幅宽一般为 50～75 cm）自上而下以螺旋线形式缠绕，直到裹包完成，两层薄膜之间约有 1/3 部分重叠。这种方法适合包装堆积较高、堆积高度不一致、形状不规则或重量较轻的货物。

五、收缩包装和拉伸包装的比较和选用

1. 收缩包装和拉伸包装的比较

收缩包装和拉伸包装都适用于大多数商品，如水果、蔬菜、规则商品和异型商品。收缩包装的商品可紧固于托盘上，拉伸包装更适用于冷冻或禁止受热商品的包装。

收缩包装对流通环境的适应性强，密封性、防潮性、防污染性能好，可在露天堆放，但不适合低温操作；拉伸包装防潮性差，但适合低温操作。

收缩包装的工艺和设备较简单，但需要热收缩通道，能源消耗、占用投资和占用车间面积均较大；拉伸包装不需要热收缩设备，能源消耗、设备投资和设备维修费用低。

收缩包装的裹包应力比较均匀，但不易控制；拉伸包装的棱角处应力过大，易磨损，但容易控制。

收缩包装堆垛适应性好，不会互相黏结；拉伸包装在运输包装中堆集的商品顶部需要另外加一块薄膜，操作不便，拉伸薄膜有自黏性，搬运过程中易撕裂。

收缩包装需要多种厚度的薄膜，拉伸包装采用一种厚度的薄膜即可用于不同的商品。

2. 收缩包装与拉伸包装的选用

选用收缩包装和拉伸包装时应遵循以下原则：一是对商品尽量适应，二是对流通环境尽量适应，三是设备投资和包装成本尽量低，四是包装材料应来源广、品种多、存储方便，五是操作方便。此外，还要考虑生产速度、货物重量和滑动板材等因素。

第八节　其他包装技术

一、装盒技术

盒是指体积小的容器，如牙膏盒、肥皂盒、药品盒、文教用品盒和各种食品盒。

大部分盒用纸板制成，用于销售包装，有时装瓶装袋后再装盒，或装小盒后再装较大的盒。总之，这些盒都属于内包装。

长期以来，盒的发展主要是变换式样，改进印刷和装潢。装盒技术主要是从手工操作向机械化、半自动化和全自动化方向发展，盒的用途和功能则没有很大的变化。

1. 纸盒的种类及选用

纸盒的种类和式样有很多，但差别大部分在于结构形式、开口方式和封口方法。纸盒按制盒的方式不同，可分为以下两类：

（1）折叠盒

折叠盒是将纸板进行模切、压痕后制成盒坯片，再折叠成盒，或者将盒坯片的侧边黏结，形成方形或长方形的筒，然后压扁成为盒坯，在装盒现场再折叠成各种盒。折叠盒适合于机械化大批量生产。

（2）固定盒

固定盒即制成盒与盖两部分再进行黏结，或者用韧性强的纸、布等做成柔性铰链，再将盖与盒粘在一起。不论用手工粘糊或用机器制盒，固定盒的生产率都较低，成本也高。其优点是：可用较厚的纸板制造，对商品的保护较好，适于包装脆性、易碎商品，如药用针剂、玻璃器皿等；此外，可用各种装饰材料裱糊成外观精美豪华的盒，用于包装礼品、纪念品和贵重工艺品等。

2. 纸盒的选用

纸盒选用涉及的要素有很多，例如，在纸盒结构形式方面有以下要点：

如果商品（如牙膏、药瓶等）很容易从盒的狭窄截面放入或取出，可选用筒式盒，采用盖片插入式封口；如果商品较重或有密封性要求，应选用盖片黏结封口方式；如果商品（如皂片、图钉等）为分散的颗粒或个体，容易因盖片松开而散漏，其翼片和盖片应选用卡扣式结构；如果商品（如糕点、饼干、服装和工艺美术品等）不易从盒的狭窄面放入或取出，应选用浅盘式盒；如果要宣传商品（如牙刷、首饰和生日蛋糕等）或便于顾客了解商品，应恰当地选用开有透明窗的盒。

3. 装盒方法

（1）手工装盒法

手工装盒法是最简便的装盒方法，它不需要设备和维修费用，但速度慢，生产率低。

（2）半自动装盒法

半自动装盒法借助装盒机来完成装盒过程。操作工人再手工将商品装入盒中，其余工序如取盒坯、打印、撑开、封底、封盖等都由机器来完成。有的商品（如药品和化学品等）还需要手工装入说明书。

（3）全自动装盒法

全自动装盒法除了向盒坯储架内放置盒坯外，其余工序均由机器完成。全自动装盒机的生产率很高，一般为每分钟 50～600 盒，超高速的可达每分钟 1 000 盒，但全自动装盒机结构复杂，操作、维修技术要求高，设备投资也大。

4. 装盒设备选用

装盒设备要与所包装商品的生产率相匹配，既要满足商品日常包装所需，又要考虑在商品生产高峰期也能满足装盒需求。装盒设备的自动化程度并非越高越好，而是既要符合操作、维修人员的技术水平，又能达到最佳经济效益。

二、裹包技术

裹包是用较薄的柔性材料将商品全部或大部分包起来的方法。绝大部分裹包属于销售包装。裹包的特点是用料省，操作简便，用手工和机器操作均可，可适用于许多不同形状、不同性质商品的包装。

1. 裹包方法

裹包的方法有很多，按裹包形式不同可分为折叠式裹包和扭结式裹包两类，按操作方式不同可分为手工操作、半自动操作和全自动操作三类。

（1）折叠式裹包法

折叠式裹包法的基本方式是：从卷筒材料上切下一定长度的一段，或者预先切好材料堆集在储料架内；然后将材料裹在被包商品上，用搭接方式包成筒状；再折叠两端并封紧。

（2）扭结式裹包法

扭结式裹包法是用一定长度的包装材料将商品裹成圆筒形，搭接接缝也不需要黏结或热封，然后将开口端的部分向规定方向扭转形成扭结。这种方法要求包装材料有一定的撕裂强度与可塑性，防止材料扭断和回弹松开。

2. 柔性包装材料

柔性包装材料包括各种软性的袋、包装内衬物、裹包用的材料以及部分防震包装材料等。柔性包装材料是包装材料中的一大类，也是平常用得最多的一类。常用的柔性包装材料有以下几种：

（1）牛皮纸

牛皮纸坚韧结实，有较好的耐破性和耐水性。它不透明，不能热封，只能胶合或用线缝合。牛皮纸适合裹包书籍和小盒的多件包装，也常用于预制小袋和多层大袋。

（2）蜡纸

蜡纸有很好的防潮性和阻气性，可以热封，呈中度透明状，有一定的装潢效果，适用于糖果、面包、雪糕等的包装。

（3）玻璃纸

玻璃纸透明性极好，有光泽，印刷适性也很好，可印复杂的彩色图案。它在干燥的情况下有较好的阻气性，对含油脂的商品有阻隔性。玻璃纸几乎不带静电，包装粉末物料时，封口处不会被沾染。

（4）塑料薄膜

柔性包装常用的塑料薄膜有聚氯乙烯、聚乙烯和聚丙烯薄膜，它们各有特点。聚氯乙烯薄膜透明，防潮性、阻气性和热封性好，并且抗油脂，因其会散发异味，有的有毒性，一般用于包装非食品类商品。聚乙烯薄膜柔软而有韧性，耐冲击性、防潮性、透气性好，适合包装新鲜蔬菜、水果、纺织品、服装及烘烤食品等。聚丙烯薄膜透明，化学稳定性、防潮性、阻气性都很好，但热封性能差，价格较高，一般用于复合材料。

（5）金属箔

金属箔表面平滑，防潮性、阻气性极好，有独特的装饰效果。包装用的金属箔厚度一般为 18～40 μm。金属箔价格较贵，主要用于裹包巧克力、糖、软包装饮料和蒸煮袋装食品等。

（6）复合材料

复合材料制造工艺复杂，价格较贵，多由纸、塑料和铝箔等组成。纸/铝箔复合材料可以提高包装的防潮性能。聚酯/铝箔/聚乙烯复合材料可以在 100～120℃的温度下，经 45 min 加热灭菌后，作为包装食品的蒸煮袋。

3. 柔性包装材料的选用

坚实且性质稳定的商品宜选用有足够强度而价廉的材料。如果商品本身的外观有吸引力，则应选用透明材料。如果商品怕光，应选用不透明或带颜色的材料。喜干畏湿的商品必须选用防潮性能好的材料。含水分多的商品应选用有一定透湿率的材料。钢铁零件等对氧敏感的商品应选用阻气性材料，并在包装件内放少量干燥剂或防锈剂。奶油、油炸快餐食品等含油或脂肪较多的食品应选用不透明或有铝箔的复合材料。新鲜蔬菜和水果等在包装后继续“呼吸”，消耗氧气排出二氧化碳，使某些细菌繁殖，可采用水果、蔬菜保鲜薄膜。

柔性包装材料也可以很好地包装液体商品，如牛奶、饮料等。液体商品的软包装必须保证密封不漏，同时还要增加刚性以便于陈列，可选用由纸、塑料薄膜、金属箔等合成的复合材料。

4. 裹包机的选用

裹包机的种类有很多，包括通用裹包机，专用裹包机，低速、中速、高速和超高速裹包机，半自动裹包机，全自动裹包机等。选用裹包机时应主要关注以下两点：

（1）裹包机的性能

半自动裹包机多为通用，更换商品尺寸和裹包形式需要的时间短，需要的操作人员略多一些；自动裹包机多为专用，一般都是用于裹包单一品种商品（如糖果、香烟、香皂等），它需要的操作人员很少，生产速度为中速、高速或超高速。

（2）裹包材料的价格和供应情况

裹包机用的是较薄的柔性材料，机器对材料的力学性能和物理性能要求比较严格。特别是高速和超高速机种，对材料的适应性差，往往由于材料不合要求而不能保证包装质量，或造成机器不能正常运转。所以，选用裹包机必须考虑裹包材料的价格和供应情况。

三、装袋技术

袋具有包装的基本功能，而且价格便宜，既可用于运输包装，也可用于销售包装。袋的尺寸变化范围大，有多种材料可供选用，既可包装固体商品，也可包装液体商品。装袋商品毛重与净重接近，所占空间较少。

1. 袋的分类

（1）大袋

大袋也称重型袋，可包装质量为 20～50 kg 的商品，用于工农业产品（如水泥、化工原料、化肥、饲料、面粉、粮食和砂糖）等的运输包装。大袋的基本形式有两种：一种称为开口袋，在制袋时只封闭一端，另一端可以完全张开，以便充填商品；另一种称为阀门袋，在制袋时将两端均封闭，仅在袋一端的角上开一个小孔，装上伸入袋子的充填管，以便充填商品。

（2）小袋

小袋用于销售包装，适用范围很广，其中以食品和日用品包装使用最多，也可用于包装小的工业品，如螺钉、螺母、电气元件和小工具等。小袋包装适合采用连贯式制袋充填机。按装袋方法不同，小袋可分为预制袋和机用袋两种。

1）预制袋。预制袋在包装之前用手工或制袋机制成，由制袋车间或制袋厂供应。充填商品时，需先将袋口撑开，充填后封口。

2）机用袋。机用袋的充填、封口工序是在一台机器上完成的，它的制袋、充填、包装工序安排合理，因此省材料、省能源、省劳动力，而且生产率高。

2. 装袋设备的选用

装袋机及其配套装置种类很多，其功能、生产能力、袋的形状和尺寸、所用材料及价格各不相同，选用时必须根据企业和市场的具体情况综合考虑。引进国外设备时必须符合国内的条件。

选用装袋设备时应注意：充填的计量装置要选择得当；封合时的加热方式与所用包装材料的热封性能要适应；充填粉末状商品时，装袋机必须具有防止袋口被粉尘沾染的措施；当装袋速度快、内装商品价格较贵时，最好能配有检重秤，以便能自动调整充填量。

四、装箱技术

为了使已完成小包装的商品在运输过程中不受损坏，便于储运，将其按一定方式装入箱内，并把箱口封好的技术称为装箱技术。

1. 装箱方法

装箱与装盒的方法相似，但装箱的商品较重，体积也大，还有一些防震、加固和隔离等附件。

按操作方式不同，装箱方法可分为手工装箱法、半自动装箱法和全自动装箱法。

按商品装入方式不同，装箱方法可分为装入式装箱法、裹包式装箱法和套入式装箱法。

2. 箱装袋

箱装袋是在瓦楞纸箱内装一个塑料或复合材料的袋子，用于包装婴儿食品等。它在取用商品时不必开封，只需将露在箱外的阀门开启即可，因此，很受家庭和快餐店的欢迎。

箱装袋有许多优点，例如：空箱和袋都是可折叠的，储运占地少，并可重复使用；箱为长方形，堆叠起来占地面积比圆桶少；装袋之前，袋可进行灭菌处理；箱装袋可节省包装和储运费用，并可延长商品的保存期。

3. 瓦楞纸箱和装箱设备的选用

瓦楞纸箱分为折叠式、固定式和异型式三种，最常用的是折叠式，国际上称为

RSC箱（Regular Slotted Case），国际纤维板箱代号为0201。

（1）瓦楞纸箱的选用

瓦楞纸箱是运输包装容器，在运用防震包装设计原理和瓦楞纸箱的设计方法进行设计时，应遵照有关国家标准。在保证纸箱质量的前提下，应尽量节省材料和包装费用，避免采用正方形的纸箱，要考虑对卡车、火车车厢容积的利用率以及仓储运输时堆垛的稳定性。

（2）装箱设备的选用

生产率不高、重量轻或体积小的商品可采用手工装箱。较重或易碎且批量较大的商品（如瓶装酒、软包装饮料、蛋等）可选用半自动装箱机。生产率高、单一品种的商品（如啤酒和汽水等）应选用全自动装箱机，装纸箱或塑料周转箱。

五、封缄技术

封缄也称封闭、封合，是指包装容器装过商品后，为了确保内容物在运输、储存和销售过程中保留在容器中，并避免受到污染而使用的各种封闭工艺。包装封缄的方法有很多种，如黏合、封盖（塞、帽等）、热封和钉封等。

1. 黏合

黏合是使用黏合剂进行封合的方法。这种方法具有工艺简单、生产率高、结合强度大、应力分布均匀、密封性好、适用范围广等优点，并可增加包装材料的绝热、绝缘性能，在包装工业中广泛用于纸、布、木材、塑料、金属等各种材料的结合。

（1）黏合的基本条件

黏合剂必须有良好的流动性，必须能充分浸润被粘物表面，黏合剂与被粘物之间必须有足够的作用力。这种结合力可以是机械力，即黏合剂渗入被粘物中形成“胶钉”形式的力；也可以是化学力，即由离子键、共价键和氢键等形成的力。

（2）黏合剂的分类

黏合剂的分类方法有很多。按固化方式不同，黏合剂可分为非反应固化型黏合剂和反应固化型黏合剂两大类；按黏合剂应用方式不同，黏合剂可分为溶液型黏合剂、乳液（胶）型黏合剂、热熔型黏合剂、压敏型黏合剂、喷雾型黏合剂等；按操作温度不同，黏合剂可分为冷胶、热胶两类，冷胶包括溶液型黏合剂、乳液型黏合剂和胶带等，热胶主要以热熔胶为主，此外有少量胶带也需加温才能黏合。

（3）黏合方法

1）冷胶黏合。冷胶为溶液型或乳液（胶）型。这种方法的优点是不需要加热，节省能源，耐热性好，价格便宜。缺点是固化时间长，易霉腐，不能适应高速包装机的

要求和卫生条件。冷胶黏合广泛用于手工操作的普通包装场合。

2）热熔胶黏合。热熔胶黏合是将热熔胶加热后熔化，涂敷于被粘物表面，经冷却固化而黏合。常用的热熔胶是以乙烯-醋酸乙烯酯共聚物为基础，与低分子量树脂和蜡组成的。

3）胶带黏合。按基材上涂敷的黏合剂种类不同，胶带分为胶质带和胶粘带两类。胶粘带与胶质带相比有如下优点：一是成卷供应，可连续使用，剥离容易，黏合剂不残留于带的背面，同时也不黏手，操作方便；二是在常温下贴于需要黏合处，压一压即可，不用通过加水湿润、加溶剂或加热等手段；三是黏合后的胶带一般慢慢揭下还可再用；四是可选择不同的基材，制成适合各种用途的胶带。

几乎任何材料都可用胶带黏合，胶带对塑料的黏合效果特别好。常用胶粘带有牛皮纸胶粘带、布基胶粘带和聚丙烯胶粘带。

2. 热封法

热封法也称加热黏合法，它不用外加材料，将包装材料本身加热后熔化即可黏合。常用的热封法有板式热封法、滚轮式热封法、带式热封法、滑动滚压式热封法、脉冲热封法、超声波热封法和高频热封法等。

3. 封闭物

封闭物是包装容器装进商品后，为了确保内容物在运输、储存和销售过程中保留在容器里，并避免受到污染而附加在包装容器上的盖、塞等物品或器材的总称。封闭物种类繁多，功能各异，需根据包装容器、内容物来选择。

（1）对封闭物的要求

封闭物的形状、结构、材料和功能等直接影响包装质量。因此，对封闭物的要求是多方面的，例如：必须保证内容物在储运、销售和使用过程中无滴漏和逸散等情况，同时也不会受到包装件外部的影响；必须容易开启，能重复使用；不得影响内容物，必要时需进行消毒灭菌；具有较好的印刷适性和装饰性，以达到美观和宣传商品的作用。有的包装需要用防盗盖（塞），以防止商品被假冒。某些特殊的商品要求使用气密性包装，以防潮、防挥发，保持真空或一定压力。

（2）封缄常用的封闭物

1）用于瓶、罐类包装的封闭物。这类封闭物主要是盖和塞。盖的种类很多，目前多用金属和塑料制成，常用的有螺旋盖、快旋盖、王冠盖、易开盖、滚压盖和儿童安全盖。此外，有的瓶、罐还有第二封口，如蜡、纤维素、金属片、热收缩性塑料及其他衬垫，起到防气、防潮、装潢和防盗的作用。

2）用于袋类包装的封闭物。这类封闭物主要是夹子、带提环的套、按钮带、扭结带和扣紧条等。

六、捆扎技术

捆扎是用挠性捆扎原件（或另加附件）将多件无包装或有包装的货物捆在一起以集装货物，起到固定货物和加固包装容器的作用。捆扎可防止货件移动、碰撞、翻倒或塌垛，还能起防盗、装饰的作用。

1. 捆扎原件的主要技术性能

货物经捆扎后，捆扎带就会长期受到拉伸力的作用，并受到流通环境中的温度、湿度和其他因素的影响。为保证货物捆扎的有效性，需要了解捆扎原件的物理性能和力学性能，以便正确合理地应用。

（1）强度

强度分为抗拉强度和断裂强度。抗拉强度是指一定长度的捆扎原件在断裂前的最大载荷值与捆扎原件的横截面积之比，该最大载荷值就是断裂强度。

（2）延伸率

捆扎原件经拉伸后的总长与原长有一个差值，该差值和原长的比率就是延伸率。延伸率越小，用该材料捆扎的包装件越不易松散。

（3）延伸恢复量

延伸恢复量是指将拉力去掉后，捆扎带缩回的长度。它代表捆扎原件的弹性恢复能力。

（4）拉伸应力和拉伸应力弛豫

捆扎原件受拉伸后在其内部产生的应力称为拉伸应力。捆扎原件在拉力作用下保持一定时间后，应力会出现衰减，这种特性就称为拉伸应力弛豫。

（5）工作范围

工作范围是指捆扎原件在正常工作情况下所承受拉力的大小。除钢带外，各种捆扎带在工作范围内所能承受的拉力一般为断裂强度的40％～60％。

2. 常用的捆扎原件

（1）金属捆扎原件

金属捆扎原件有钢丝、钢带、钢链、钢索等。钢质捆扎原件的特点是强度高、柔性差、易生锈，对温度、湿度变化不敏感。

（2）非金属捆扎原件

非金属捆扎原件有纸绳、塑料绳、麻绳、棉绳、合成纤维绳等，只适用于轻、小

商品的捆扎集装。用于集装运输中的非金属捆扎原件主要是各种塑料捆扎带。

3. 捆扎工具与设备

（1）手动捆扎工具

手动捆扎工具分为人力、气动和电动三类，由拉紧装置和接头装置组合而成，价格便宜，操作简单，适合产量小、不考虑捆扎速度的场合。

（2）半自动捆扎机

半自动捆扎机需要由操作者将包装件放在适当的位置上，并启动机器，即可捆扎一道，然后再移动位置捆扎另一道。除此以外，绕带、拉紧、接头和切断的工序都是自动完成的。

（3）全自动捆扎机

全自动捆扎机的全部捆扎工序都是根据规定的程序自动完成的。除通用的捆扎机以外，还有一些用于托盘包装、大宗货物捆扎、压缩捆扎和水平捆扎的特种用途的捆扎机。

4. 捆扎包装的设计要点

捆扎工作看起来很简单，只要捆紧不散即可，但在实际应用中却有不少因素要考虑。这些因素主要包括以下三点：

一是被捆扎商品的类型和性质，包括商品的软硬程度、弹性、体积、重量以及商品本身能承受多大的力等。

二是捆扎带的性能，包括捆扎带的弹性、强度、对环境的敏感性、应力保持与衰减性能等。要使捆扎带能适应被捆扎商品的搬运要求，适应运输环境和工具等。

三是捆扎包装的成本和经济效益。在满足包装要求的前提下，应尽量降低成本，提高经济效益。

第九节　防伪包装技术与贴标技术

一、防伪包装技术

防伪包装技术是指在商品包装过程中对制作假冒伪劣商品的行为能起遏制作用的一系列技术手段。图 5—16 所示是几种常见的防伪包装。

总的来说，目前所应用的防伪包装技术可概括为两类：一类面向普通消费者，其

图 5—16 几种常见的防伪包装

识别方法通过宣传可以迅速为大众所接受，不需要用专门的仪器进行检测；另一类面向专家和厂商，较多使用特种工艺技术，以增加伪造的难度，其防伪技术不为一般消费者所知，需要借助专门仪器进行鉴别，价值较高、社会影响较大、生命周期较长的商品宜采用这种防伪包装技术。

1. 常用的防伪包装技术

防伪包装技术有很多种，主要集中在防伪标志、特种材料与工艺、印刷技术和包装结构等方面。在实际应用中，可以采用单一防伪技术，也可采用多重防伪技术。

（1）激光全息防伪图像

激光全息照相是利用光的干涉原理将光波的振幅和相位记录下来。普通照相只记录物体的颜色和明暗变化，激光全息照相还能记录物体的空间变化。由于全息图像的全息信息用普通照相方法无法拍摄，而且拍摄条件严格，因而全息图像难以被复制和仿造，从而起到防伪效果。制作普通激光全息防伪商标的工艺流程一般为：选择和设计商标图案，拍摄全息图，制作全息图母版，制作金属模板，压印，复合，模切，获得成品。

（2）激光防伪包装材料

激光防伪包装材料通过改变全息图像标志的局部防伪方式，可以达到整体防伪效果。整个包装都经过激光处理，加上厂家名称、商标等，呈大面积主体化防伪，使制假者无从着手。经过激光处理的防伪包装材料共有四类：一是软包装袋，用于糖果、食品、饮料、茶叶、药品、化妆品等的包装；二是硬包装盒，用于酒、药品、牙膏、香皂、化妆品等的包装；三是手提袋，用于西服、大衣、药品、食品等的包装；四是激光纸，用于烟盒、瓶贴、标签、礼品包等。

（3）隐形标志系统

隐形标志系统包括用具有特殊功能的防伪油墨印刷的标志、计算机形成的图案和

食品中添加的生物抗体三大类，这些标志必须通过专用的仪器检测或由专家进行鉴定。隐形标志系统采用的工艺和材料包括具有特殊功能的防伪油墨、计算机形成的图案、激光编码、凹版印刷、特殊的包装结构、一次性包装容器等。

2. 选择防伪包装技术的要素

选择防伪包装技术时要考虑的要素包括：商品的经济价值和社会价值，商品的性能和特点，商品生产规模化、自动化和标准化的程度，防伪包装的技术开发费用和生产成本及其占商品总成本的比例，防伪包装的识别和检测方法，防伪包装技术的可改进性等。

二、贴标技术

1. 标签的种类

按功能不同，标签可分为商标、货签、吊牌和其他标签（如合格证、检验员号与名称、价标等）。

按附着于商品的方法不同，标签可分为胶黏标签、热敏标签、压敏标签、系挂标签、插入标签和直接印在包装件或包装容器上的标签。

2. 标签的形式

标签的形式多种多样，常用的为长方形、圆形或椭圆形，此外，还有各种异形标签。罐头用的标签大多数是长方形，而且围绕罐头一周。瓶式包装用的标签除了长方形（贴在前部、后部或绕瓶一周）以外，还有贴于瓶肩部和瓶颈部的异形标签。

3. 标签材料

标签材料主要有纸、塑料、金属箔及其复合材料三种。一般的纸、涂覆纸、金属箔与纸的复合材料都可用来制造标签。收缩薄膜可用作套筒标签和系挂标签。金属箔及其复合材料可以产生特殊的装饰效果。

4. 贴标工艺

贴标工艺因标签的种类和使用设备不同而略有差别，大致可分为冷胶和热熔胶贴标以及压敏标签粘贴两类。

（1）冷胶和热熔胶贴标工艺

首先，将成叠的或卷筒的标签放入签架内或卷筒支架内。其次，用吸盘吸、压缩空气吹或二次胶黏等方法取出一张标签。再次，用涂胶辊在标签背面全部涂胶，或沿垂直、水平方向涂几条，也可以在容器上涂胶。最后，用压板、压缩空气、皮带或刷子将涂过胶的标签压在容器上，直到粘贴牢固后松开。

（2）压敏标签粘贴工艺

压敏标签是预先涂胶的，成卷供应，贴标速度快，操作简便，贴标准确，效率高。压敏标签的基本粘贴工艺有滚压法、冲压法、空气喷射法和冲吹法。

5. 贴标机

贴标机是重要的贴标设备，它包括连续式贴标机和多列贴标机。

（1）连续式贴标机

连续式贴标机有两个卷筒可交换使用，可以分别进行贴标操作，贴标速度快，产量大。当右边卷筒工作时，左边卷筒等待。一旦右边卷筒发生断头、贴标不正常或标签用完时，可立即启动左边的卷筒继续贴标。

（2）多列贴标机

多列贴标机可以使两个或更多的标签在一台机器上分成多列同时粘贴，它可以在不提高机器运转速度的情况下，成倍或几倍地提高产量。它有一个具有真空吸力的传输皮带，从标签隔离纸上吸起几个标签，然后送至贴标位置，正好与到位的容器对正。多列贴标机在贴标时采用空气喷射法、冲压法或滚压法。

思考练习题

1. 商品包装技术分为哪些类型？
2. 无菌包装技术主要有哪几种？
3. 使用脱氧剂时应注意哪些事项？
4. 简述防虫害包装的设计要点。
5. 简述防潮包装设计的基本要求。
6. 金属制品防锈蚀包装分为哪几步？
7. 简述防震包装的设计程序。
8. 收缩包装和拉伸包装有哪些异同？
9. 简述常用的裹包方法。
10. 常用的防伪包装技术有哪些？